200 kurze Geschichten

Für Kinder von 5–10
Herausgegeben von Karin Schupp

Verlag Ernst Kaufmann

Die Deutsche Bibliothek – CIP-Einheitsaufnahme

200 kurze Geschichten : für Kinder von 5 – 10 / hrsg. von Karin Schupp. –
Lahr : Kaufmann, 1999
    ISBN 3-7806-2503-2

1. Auflage 1999*
© 1999 Verlag Ernst Kaufmann, Lahr
Printed in Germany
Umschlaggestaltung: JAC unter Verwendung einer Illustration von Iris Buchholz
Hergestellt bei Bercker GmbH, Kevelaer
ISBN 3-7806-2503-2

Inhalt

Vorwort

So bin ich

Wer ich bin und was ich kann

Manchmal bin ich fröhlich – manchmal bin ich traurig

Meine Familie und ich

Ich bin ein Junge – ich bin ein Mädchen

Miteinander leben

Manche Menschen sind anders

Von Streit und Versöhnung

Du sollst nicht töten

Müssen Regeln sein?

Leute, die lügen

Gestern – heute – morgen

Schöpfung erleben

Worüber wir staunen

Was wir bewahren wollen

Die Welt des Glaubens

An Gott glauben

Vorwort

Kinder brauchen Geschichten. Gute Geschichten sind Nahrung für Geist und Seele. Sie vertiefen eigene Erlebnisse und Erfahrungen und öffnen gleichzeitig den Blick auf die Vielfalt des Lebens – auf das, was ganz anders, und auf das, was vertraut ist.

Kinder erfahren aus Geschichten, wie andere Kinder sich verhalten: Worüber sie sich freuen oder warum sie traurig sind; wovor sie Angst haben oder wie sie Mut zeigen; welche Schwierigkeiten ihnen begegnen und wie sie damit fertig werden.

Indem die Kinder sich mit den Personen in den Geschichten auseinandersetzen, spüren sie, dass dabei auch ihre eigenen Gefühle und Bedürfnisse zur Sprache kommen. Sie ergreifen Partei, identifizieren sich mit den handelnden Personen oder lehnen sie ab und bestimmen so ihren eigenen Standpunkt.

Das Vorlesebuch enthält Geschichten und Gedichte aus der zeitgenössischen Kinderliteratur, die in diesem Sinn die Grundbefindlichkeiten kindlichen Lebens thematisieren. Es sind keine Texte, die sich zum fabulierenden Erzählen eignen, sondern Texte zum *Vorlesen* (oder Selberlesen), denn sie sind kurz. Kein Text beansprucht mehr als fünf Minuten Vorlesezeit. Die Sprache ist knapp und präzise. Es kommt auf jeden Satz an.

Das *Zuhören* ist immer nur der eine Teil des Umgangs mit den kurzen Geschichten. Der zweite Teil ist das *Gespräch*. Die Geschichten wollen gemeinsam bedacht, besprochen und gedeutet werden. In ihrer Kürze bieten sie nur einen Anstoß, sodass der nachdenkenden Fantasie ein breiter Raum bleibt. Indem alles Unwichtige weggelassen und auch das Wichtige nicht immer direkt ausgesprochen wird, bleibt vieles in der Schwebe. Das ermöglicht es den Kindern, ihre eigenen Gedanken, Gefühle und Vorstellungen einzubringen. Geschichten, die betroffen machen, hören nicht mit dem letzten Wort auf, sondern gehen im Kopf weiter und erzeugen dort innere Bilder, die einen tieferen Eindruck hinterlassen, als Wörter und Sätze es vermögen.

Die „200 kurzen Geschichten" eignen sich für den Schulunterricht als Einstieg in ein Thema oder als abschließende Vertiefung. Sie sind aber ebenso verwendbar als Vorlesebuch im familiären Bereich oder für Kinder zum Selberlesen.

Berlin, im Januar 1999   *Karin Schupp*

So bin ich

Tomas

Christine Nöstlinger

Tomas ist fünf Jahre alt.
Seine Mutter nennt ihn: *Kleiner Tomas.*
Sein Vater ruft ihn: *Großer Tomas.*
Seine Schwester sagt zu ihm: *Blöder Tomas.*
Die Großmutter nennt ihn: *Tomi-lein-lein.*
Die Tante sagt zu ihm: *Dick-Tom.*
Die Nachbarin sagt zu ihm: *Tomas.*
Die Mutter will, dass der *kleine Tomas* den Teller leer isst.
Der Vater will, dass der *große Tomas* nicht weint, wenn er traurig ist.
Die Schwester will, dass der *blöde Tomas* unter dem Bett liegen und bellen soll, weil sie gerne einen Hund haben möchte.
Die Großmutter will, dass *Tomi-lein-lein* zu allen Leuten brav ›guten Tag‹ sagt.
Die Tante will, dass *Dick-Tom* Buchstaben auf ein Blatt Papier malt.
Die Nachbarin will überhaupt nichts von *Tomas.*

Die Mutter stört es, dass der *kleine Tomas* in der Nase bohrt.

Den Vater stört es, dass der *große Tomas* die Erbsen aus dem Teller holt und auf den Tisch legt.

Die Schwester stört es, dass der *blöde Tomas* mit dem Filzstift einen roten Strich in ihr Rechenheft macht.

Die Großmutter stört es, dass *Tomi-lein-lein* nur einschlafen kann, wenn die Nachttischlampe brennt.

Die Tante stört es, dass *Dick-Tom* singt, wenn sie der Mutter etwas erzählen will.

Die Nachbarin stört überhaupt nichts an *Tomas*.

Tomas sagt: „Ich möchte, dass die Nachbarin meine Mutter und mein Vater und meine Schwester und meine Großmutter und meine Tante wird!"

Die Mutter und der Vater und die Schwester und die Tante rufen im Chor: „Dann geh doch zur Nachbarin, *Klein-Groß-Blöd-Dick-Tomi-lein-lein!*"

Aber die Nachbarin will den *Tomas* überhaupt nicht haben.

Warum bin ich eigentlich ich?

Richard Meier

Wenn mein Vater nicht meine Mutter geheiratet hätte,
was wäre dann?
Wäre ich dann auch ich?
Wäre ich dann ein Junge oder ein Mädchen?

Warum bin ich ich?
Warum bin ich nicht ein anderer?
Warum habe ich die Nase, die Ohren,
warum die Haare und die Hautfarbe?
Warum bin ich so?

Warum bin ich so, wie ich bin?
Jetzt meine ich nicht meine Nase,
die Hautfarbe oder meine Haare.
Ich meine:

dass ich gerne Gurken esse,
dass ich Trompete gerne höre,
dass ich gerne lange schlafe,
dass ich den Udo nicht mag,
dass ich schlecht schreiben kann,
dass ich Angst bekomme,
wenn ich ein trauriges Bild sehe,
dass ich schnell wütend werde?

Warum bin ich ich?

Tino denkt nach

Lene Mayer-Skumanz

Tino sitzt im Garten und denkt nach. Er denkt nach, wer er wäre, wenn er nicht er selber wäre.
Tino sieht den Kaminkehrer auf der Straße vorübergehen. Der Kaminkehrer winkt über den Zaun. Sein Gesicht ist schwarz von Ruß. Seine Hände sind schwarz. Sogar sein Hals ist schwarz.
Der Kaminkehrer gefällt Tino.
„Der könnte ich sein", denkt er.
Tino sieht eine Libelle durch die Luft sausen. Sie surrt wie ein kleiner Hubschrauber. Ihre Flügel glänzen in der Sonne.
Die Libelle gefällt Tino.
„Die könnte ich sein", denkt er.
Tino sieht einen kleinen Vogel, der einen Wurm aus der Erde zieht. Ein größerer Vogel mit schwarzen Federn und gelbem Schnabel fliegt herbei. Er drängt den kleinen Vogel beiseite, pickt den Wurm auf und fliegt davon. Der kleine Vogel schüttelt seine Flügel. Er hüpft durch das Gras und sucht einen neuen Wurm, aber er findet keinen.
Tino denkt: „Der große starke Vogel könnte ich sein. Ich hätte aber auch der kleine, schwache Vogel sein können, dem der Wurm weggenommen worden ist."
Tino denkt weiter: „Ich hätte auch der Wurm sein können."
Und Tino ist sehr froh, dass er er selber ist.

Bumfidel guckt in den Spiegel

Marie-Luise Bernhard-von Luttitz

Bumfidel hat einen Kopf wie ein Fußball mit Henkelohren. Und Augen, die ziemlich dicht an der Nase stehen. Eins ist grün und das andere braun. So was kommt vor. Auch mit dem Wachsen nimmt er sich Zeit. Er ist klein und dick. Nein, dick eigentlich nicht. Eher stramm, könnte man sagen. Die Waden sind das reinste Muskelpaket. Und die Arme auch, wenn er sie beugt. Manche Leute sehen Bumfidel mitleidig nach. „O je", sagen sie. „Der kann froh sein, dass er kein Mädchen ist."
„Warum?", fragt Bumfidel, wenn er es hört.
Er selbst gefällt sich gar nicht so schlecht. Wo er einen Spiegel erwischt, guckt er hinein: „Was wollen die denn? Ich finde, ich sehe lustig aus."
Besonders lustig, finden auch andere Kinder, wenn er mit seinen Ohren wackelt. Das kann er nämlich. Oder abwechselnd mit dem grünen und dem braunen Auge blinzelt. Das kann er auch. Oder wenn ihm beides auf einmal gelingt: wackeln und blinzeln und er dann auch noch die Nase hochzieht.
Bumfidel lacht, dass er den Bauch mit den Händen hält. Seine Mutter nicht. Sie sagt, dass Bumfidel das nicht machen soll: solche Fratzen schneiden.
„Nein?", sagt er. „Warum denn nicht? Das macht doch Spaß. Andere Leute lachen gern über andere. Und ich lache eben gern über mich."

Wer wärst du gern?

Esther Maria Lajta

Jeder aus der Klasse hat einen guten Einfall zu der Frage: „Wer wärst du gern?"
„Ich wäre am liebsten Onkel Dagobert! Dann könnte ich im Geld baden!"
„Ich eine Prinzessin, die sich jeden Tag Kleider und Schmuck kaufen kann."
Der dicke Sascha wäre am liebsten ein Murmeltier oder ein Faultier. Den Unterschied weiß er nicht so genau. Hauptsache schlafen.
Helmut will Unterrichtsminister sein. Längere Pausen einführen und die Lehrer anders ausbilden. Die machen doch alles verkehrt.
Und Robert wäre gern Eisfabrikant. Warum?
„Was glaubt ihr wohl, was ich dann nur noch essen würde?!", lacht er.
Und Daniela?
„Ich? Na, ich wäre am liebsten – ich! Was glaubt ihr, was ich noch alles vorhabe!"

Julias anderer Tag

Irmela Bender

Gleich beim Aufstehen kam Julia der Gedanke, dass heute einmal ein anderer Tag sein sollte. Nicht so einer wie gestern und vorgestern und vorvorgestern.

Sie machte alles anders. Statt sich zu waschen, duschte sie. Zum Frühstück aß sie Haferflocken mit Zucker und Milch, nicht Marmeladebrot wie sonst. Sie räumte den Frühstückstisch ab und bat ihre Mutter, ihr das Haar zu zwei Schwänzchen zu binden. Sonst räumte die Mutter den Tisch ab und Julia kämmte sich allein. An anderen Tagen ging sie immer auf der rechten Straßenseite zur Schule, heute auf der linken. Sie holte nicht Gabi ab, sondern Helga.

Gestern und vorgestern und am Tag zuvor war Julia in der Schule ziemlich still gewesen. Sie wusste viele Dinge nicht und deshalb meldete sie sich selten. Aber heute war ein anderer Tag.

Gleich zu Beginn der Rechenstunde sagte sie zu ihrem Lehrer:

„Ich habe die letzten Aufgaben nicht verstanden. Könnten Sie sie mir bitte noch mal erklären?"

In Deutsch sagte sie ein Gedicht auf, obwohl sie Angst hatte, stecken zu bleiben. Sie blieb auch stecken. Statt sich zu schämen wie sonst, sagte sie:

„Jetzt weiß ich nicht mehr weiter. Helfen Sie mir?"

Die Lehrerin half ihr. In der Pause aß Julia eine Brezel statt einem Apfel.

Am Nachmittag fuhr Julia auf Helgas Rad. Gestern hatte sie zu viel Angst gehabt herunterzufallen. Heute fiel sie. Ihr Knie blutete, und statt die Tränen zurückzuhalten, weinte Julia richtig. Ihre Mutter tröstete sie und gab ihr einen Kuss – das hatte sie gestern und vorgestern und am Tag zuvor nicht getan.

Sie schaute nicht die Kinderstunde im Fernsehen an, sondern wollte den Krimi sehen. Deshalb gab es Streit mit ihrem Vater. Zum Schluss sagte Julia nicht, wie sonst meistens: „Ich sehe es ein." Sie sagte: „Ich sehe gar nicht ein, warum ich den Krimi nicht sehen darf. Das ist bloß, weil du erwachsen bist und alles bestimmen kannst."

Ihr Vater schaute sie erstaunt an und sagte: „Nanu, Julia!"

Ihre Mutter sagte: „Wir sprechen morgen nochmal darüber, was Julia anschauen darf und was nicht, einverstanden?"

Als Julia ihren Eltern gute Nacht sagte, gab sie ihnen die Hand. Das tat sie sonst schon lange nicht mehr. Noch viele andere Dinge hatte sie an diesem Tag anders getan. Es war ein aufregender Tag gewesen.

Jeder kann etwas

Josef Guggenmos

Das Pferd stand auf der Wiese. Da bekam es Besuch. Aus dem Wald kamen das Eichhörnchen und der Kuckuck. Aus dem Weiher hüpfte der Frosch heran.
Und dann kam auch noch der Maulwurf über die Wiese gerannt.
Das Pferd sagte: „Ich habe Kraft. Wenn ihr wollt, könnt ihr euch alle auf meinen Rücken setzen. Dann trage ich euch über die Wiese. Wer von euch kann mich tragen?"
„Ich nicht", sagte das Eichhörnchen. „Dafür kann ich etwas anderes. Da drüben steht eine hohe Tanne. Wer klettert mit mir um die Wette am Stamm hinauf?"
Auf diese Wette wollte sich keiner einlassen.
„Ich kann nicht klettern", sagte der Kuckuck, „aber ich kann fliegen. Im August fliege ich nach Afrika, und im nächsten April bin ich wieder hier. Ganz allein finde ich bis nach Afrika und wieder zurück. Ist das nichts?"

„Das ist toll", meinte der Frosch. „Aber ich kann auch etwas. Ich kann schwimmen. Und wenn's Winter wird, setze ich mich unten im Weiher in den Schlamm und warte, bis es Frühling wird."
„Das macht dir keiner nach", sagten die anderen Tiere. „Jeder von uns kann etwas Besonderes."
„Aber du, Maulwurf … wo steckst du denn? Maulwurf, wo bist du?"
Sie starrten auf die Stelle, wo der Maulwurf eben noch gestanden hatte.
Da war nur ein Loch.
„Hier bin ich", rief der Maulwurf hinter ihnen.
Während die anderen redeten, hatte er sich unter ihren Füßen durch die Erde gewühlt.

Jeder kann etwas.

Zehn kleine Freunde

Aus dem Chinesischen

Es war einmal ein kleiner Junge, der hieß Yang. Yang wohnte in China. Sein Vater ging frühmorgens zur Arbeit in eine große Fabrik. Die Mutter nahm die Hacke und ging aufs Feld. Yang blieb zu Hause. Das gefiel ihm gar nicht. Er beschloss, auch zu arbeiten. Er nahm eine kleine Hacke und ging hinaus in den Garten. Dort lagen viele große und kleine Steine. Yang sammelte die Steine in einen Korb. Er brachte sie an das Ufer des Flüsschens, das in der Nähe vorbeifloss. Dann fegte er den Garten schön sauber und machte Beete. Als die Beete fertig waren, holte er sich Samen und säte ihn aus. Zum Schluss goss er alles sorgfältig. Nun war Yang fertig und freute sich sehr. Er wusch sich die Hände und ruhte sich unter einem Baum aus.

Abends kam der Vater zurück und fragte Yang: „Wer hat denn den Garten in Ordnung gebracht?"

Yang antwortete: „Zehn kleine Freunde haben mir geholfen!"

Die Eltern staunten: „Wo sind sie denn, deine zehn kleinen Freunde?"

„Hier sind sie", sagte Yang und hob die Hände hoch. „An jeder Hand fünf Freunde!"

Ulrikes Vier

Gisela Schütz

Ulrike kommt strahlend aus der Schule. Sie kann es noch gar nicht fassen: Endlich hat sie eine Vier im Diktat geschrieben, eine glatte, runde, richtige Vier! Endlich hat ihr vieles Üben einmal einen Sinn gehabt und Erfolg gebracht!

Ulrike ist so stolz! Nur schnell nach Hause! Sie muss es gleich Mutter sagen, ganz schnell, damit die sich mitfreuen kann.

Ulrike rennt und hastet nach Hause. Mutter steht im Garten und unterhält sich mit einer Nachbarin. Da kann es Ulrike nicht mehr für sich behalten.

„Mutti!", ruft sie schon an der Gartentür, „Mutti, ich habe eine Vier im Diktat, eine richtige Vier!"

Mutter wirft einen unsicheren Blick zur Nachbarin, verabschiedet sich schnell und dann sagt sie:

„Ja, ja, Ulrike, komm mit rein."

Sie geht in die Küche. Ulrike folgt ihr enttäuscht.

„Freust du dich denn nicht über meine Vier?"

„Doch, doch, sicher", sagt Mutter. „Natürlich freue ich mich. Aber muss denn gleich jeder hören, wie schlecht du in der Schule bist? Du hast uns eben ganz schön blamiert."

Die Eintagsfliege

Nach einem Märchen von Hans Christian Andersen,
nacherzählt von Barbara Cratzius

„Hurra, wie schön ist es, in der Sonne zu tanzen!", rief
die Eintagsfliege. „Ein Sonnentag! Ein Feiertag! Ein Fe-
rientag ist das! Was kann schöner sein!"
Durch ihre zarten Flügel schien das gleißende Licht der
Julisonne. Sie setzte sich auf das Blatt eines Eichbau-
mes.
„Du arme Fliege!", sagte der Eichbaum. „Nur einen einzigen Tag lang darfst du tanzen! Wie traurig ist das!"
„Ich verstehe dich nicht!", sagte die Eintagsfliege. „Ich
bin glücklich! Ich spüre die warme Sonne. Ich bin satt
und zufrieden! Mein Herz hüpft vor Freude!"
„Aber so schnell ist alles vorbei!", meinte die Eiche.
„Wie lang darf ich dagegen hier leben! Viele, viele Tage,
viele Monate, viele Sommer und Winter!"
„Und ich", rief die Eintagsfliege, „ich lebe Tausende von
Augenblicken und in jedem einzelnen Augenblick bin ich
froh und glücklich. – Was macht es, wenn ich nicht mehr
tanze? Hört denn alle Herrlichkeit der Welt auf, wenn wir
nicht mehr da sind?"
„Nein", sagte die Eiche, „die Herrlichkeit der Welt bleibt
viel länger bestehen, als du und ich es uns vorstellen
können."
„Dann ist ja alles in Ordnung! Wir rechnen eben nur ver-
schieden!", rief die Eintagsfliege und tanzte weiter.

Was gut ist

Gina Ruck-Pauquèt

„Weißt du, was gut ist?", fragte Sanne.

„Was?", fragte Stefan.

„Ein Bonbon so dünn zu lutschen, dass man es ganz zerbeißen kann", sagte Sanne.

„Gut ist, 'ne Pellkartoffel im Mund zu zerquetschen", sagte Stefan.

„Hm", sagte die Mutter. „In der Sonne zu liegen ist gut. Keine Gedanken zu haben und seine Arme und Beine nicht zu fühlen."

„Gut ist, mit einem Grashalm auf dem Rücken gekitzelt zu werden", sagte Sanne.

„Gut ist, ein Taschentuch zu finden, wenn einem die Nase läuft", sagte der Vater.

„Wenn man weiß, dass der Film im Fernsehen lang dauert", sagte Sanne, „das ist gut."

„Gut ist, wenn man zu früh aufwacht", sagte die Mutter. „Weil man dann noch liegen bleiben darf."

„Gut ist, in einem Buch die Gedanken wiederzufinden, die man immer schon gedacht hat", sagte der Vater.

„Wenn man einen trifft, den man mag", sagte Stefan.

„Traurige Musik zu hören, wenn es einem gut geht", sagte die Mutter.

„Eine Katze zu streicheln ist gut", sagte Sanne.

„Ein kleines bisschen zu frieren", sagte Stefan, „wenn die Sonne schon wieder hinter den Wolken rauskommt."

Lauras Tagebuch

Renate Schupp

Lauras Patentante Eva kommt zu Besuch und bringt Laura ein Tagebuch mit. Es hat einen roten Ledereinband und an der Seite ein Schloss mit einem kleinen Schlüssel.

„Da kannst du deine Gedanken und Geheimnisse hineinschreiben", sagt Tante Eva. „Damit du sie nie vergisst!"

Nach dem Mittagessen setzt sich Laura in ihr Zimmer, schließt das Tagebuch auf und denkt nach, was sie hineinschreiben soll. Draußen scheint die Sonne. Die Fliederbüsche im Garten blühen und im Kirschbaum singt die Amsel. Gleich wird Tante Eva mit ihr einen Stadtbummel machen und sie zu einem riesigen Eis einladen. Und heute Abend werden sie alle zusammen – Vater, Mutter, Tante Eva, Max und Laura – in den Zirkus gehen.

Der Wind weht eine Wolke Fliederduft durchs offene Fenster. Laura atmet tief ein, schraubt den Füllfederhalter auf und schreibt in ihrer schönsten Schrift:

16. Mai. Mir geht es gut.

Einmal lachen, bitte!

Esther Maria Lajta

Regen. Robert fährt in der Straßenbahn. Total angefressen. Er weiß nicht einmal warum, aber heute geht ihm alles auf die Nerven. Diese blöde Schule, die blöden Hausaufgaben, das langweilige Zuhause ... Und überhaupt starren alle Leute so finster oder gleichgültig vor sich hin.

Da steigt ein Mädchen ein und lacht ihm ins Gesicht. Einfach so. Und als Robert aussteigt, ist er plötzlich vergnügt. Alles ist doch bestens. In der Schule gibt es keine Probleme, zu Hause wartet Mutti mit dem Essen, und die Aufgaben, naja ...

Eine alte Frau kommt ihm mühselig entgegen. Da packt es Robert plötzlich und er lacht ihr ins Gesicht. Als er die Stufen raufspringt, denkt er: „Wetten, der alten Frau geht's jetzt auch besser!"

Brummel ist immer da

Manfred Mai

„Ihr seid alle ganz blöd und gemein!", schreit Elena. Sie läuft aus dem Wohnzimmer, stürmt die Treppe hinauf, schließt die Tür ihres Zimmers ab und wirft sich aufs Bett. Ohne den Kopf zu heben, tastet sie nach ihrem Kuschelbär, kann ihn aber nicht finden.

„Brummel!" Jetzt hebt sie den Kopf, doch Brummel ist nirgendwo zu sehen.

„Brummel, wo bist du denn?" Elena beugt sich über den Bettrand und entdeckt Brummel auf dem Boden. Schnell hebt sie ihn auf.

„Armer Brummel", nuschelt sie in sein weiches Fell. „Wer hat dich denn auf den Boden geworfen? Das war bestimmt Mama. Oder Lissy, als sie in meinem Zimmer herumgeschnüffelt hat. Die sind alle ganz blöd und gemein. Immer schnüffelt Lissy in meinem Zimmer herum. Immer bekommt sie das größte Stück Kuchen, nie ich. Immer schimpft Mama mich, nie Lissy. Und dich mögen sie auch nicht. Aber ich mag dich mehr als Mama und Lissy. Die will ich nie mehr sehen." Elena drückt Brummel ganz fest. „Ich mache nicht auf, wenn sie kommen. Nie mehr mache ich auf. Ich will sie nicht mehr sehen. Hier bleiben wir drin, nur wir beide, ganz allein."

Brummels Bauch ist inzwischen tränennass. Aber das macht ihm nichts aus. Brummel hat Elenas Tränen schon oft getrocknet.

Markus tut etwas Leid

Friderun Krautwurm

Markus sitzt in der Badewanne. Grün schimmert das Wasser und weißlich der Schaum. Markus plätschert und aalt sich. Ihm ist wohlig warm. Er spielt mit dem Schiffchen. Er lacht und freut sich.

Doch auf einmal guckt er traurig.

„Was hast du?", fragt die Mutter, die gerade hereinkommt.

„Los, gib's ihm!, haben sie alle gerufen", sagt Markus. „Los, gib's ihm! Los, gib's ihm!"

„Ja, und?", fragt die Mutter. „Wie ging es weiter?"

„Na, da hab ich ihn eben verhauen. Ganz kräftig. Gut, Markus, immer feste!, haben die anderen geschrien. Und ich immer auf ihn und auf ihn, immer noch mal. Der hat unten gelegen und geheult, sag ich dir."

„Und was macht dich nun traurig?", fragt die Mutter.

„Er war noch so klein", sagt Markus.

Henri – traurig

Christine Nöstlinger

Henri liegt im Bett. Henri weint. Henri hört die Mutter kommen. Henri kriecht unter die Decke.
„Henri, Zeit zum Aufstehen, Zeit zum Zähneputzen", sagt die Mutter.
Henri – unter der Decke und weinend – gibt keine Antwort. Die Mutter zieht an der Decke. Die Mutter zieht die Decke weg. Henri rollt sich zu einer Kugel zusammen.
Die Mutter nimmt die Kugel und trägt sie ins Badezimmer. Sie legt die Henri-Kugel auf den Wuschelteppich vor dem Waschbecken.
„Zähne putzen", ruft sie.
„Zehen waschen", ruft sie.
„Ohren ausputzen", ruft sie und geht.
Nun ist Henri noch viel trauriger. Wegen der Zähne und der Zehen und der Ohren und der Mutter. Und weil es im Badezimmer nach Haarspray riecht, Haarspraygeruch macht ihn immer besonders traurig.
Henri steht auf. Er schaut in den Spiegel über dem Waschbecken und sagt: „Ich will nicht mehr!"
Henri tut den Stöpsel in das Waschbecken und dann weint er das Waschbecken voll. Randvoll mit Tränen. Trä-

nen sind salzig. Salziger als Meerwasser. „Ein Meer aus Tränen", sagt Henri, „ein Tränenmeer!"

„Das Meer ist salzig, aber nicht traurig", sagt Henri.

Henri bekommt eine sehr große Sehnsucht nach dem Meer.

Im Vorzimmer – vor der Badezimmertür – steht Henris Mutter und putzt Henris Schuhe. Henri kann auch nicht zum Badezimmerfenster hinaus. Das Badezimmerfenster ist hoch oben über der Badewanne und Henri ist sehr klein.

Henri ist sehr dünn.

Henri macht sich noch dünner.

Er wird so dünn, wie noch nie ein Henri dünn war. Er klettert auf den Badewannenrand und springt von dort in das Waschbecken. Er schwimmt in den Tränen. Er taucht in den Tränen unter. Bis zum Stöpsel. Er zieht den Stöpsel heraus. Als die letzte Träne langsam und traurig durch den Abfluss gluckert, ist auch Henri verschwunden.

Die Mutter sucht ihn heute noch.

Und sie wird ihn nie finden. Weil sie überhaupt nichts weiß. Nichts von den Tränen und der Sehnsucht und dem Henri.

Traurig

Ursula Wölfel

Heute bin ich traurig aufgewacht.
Ich weiß nicht, warum.
Alle fragen: „Was tut dir weh?
Warum bist du traurig?"
Nichts tut mir weh.
Ich bin nur traurig.

Alle sagen: „Die Sonne scheint!
Warum bist du traurig?"
Aber ich kann es nicht sagen.
Ich bin nur traurig.

Auch mein Bär ist heute traurig
und ich weiß nicht, warum.
Alle sollen uns in Ruhe lassen.

Eine richtige Familie

Karin Schupp

Papa sitzt mit Fabian und Franziska beim Frühstück. Mama ist bis Freitag verreist.

„Ohne Mama sind wir gar keine richtige Familie", sagt Fabian und sieht ein bisschen traurig aus.

„Oh je", sagt Franziska, „meine Freundin Lisa hat gar keine Mama. Nur einen Papa. Ist das keine richtige Familie?"

„Doch", antwortet Papa. „Lisa und ihr Papa sind eine ganz richtige Familie."

Fabian erzählt: „Frank aus meiner Klasse hat zwei Mamas!"

Da fällt auch Franziska noch etwas ein: „Fanny und Paul haben sogar zwei Mamas und zwei Papas."

„Und Felix hat eine Mama und eine Oma", sagt Fabian.

Franziska denkt nach. „Jörg und Jessica haben keine Mama und keinen Papa. Nur Opa und Oma", erzählt sie.

„Ist das eine richtige Familie?", fragt Fabian.

„Aber ja", antwortet Papa. „Alle, die sich lieb haben und füreinander sorgen, sind eine Familie."

Das neue Haus

Renate Schupp

Melanie sitzt in dem neuen Haus in ihrem neuen Zimmer und macht Hausaufgaben. Dann geht sie hinunter in das neue Wohnzimmer, macht den Fernseher an und legt sich quer in einen Sessel.

Die Mutter schaut herein. Sie sieht, dass Melanie die Beine über die Sessellehne baumeln lässt, und sagt: „Gib Acht, dass du die neuen Sessel nicht schmutzig machst."

Melanie steht auf, macht den Fernseher aus und geht zur Terrassentür. Es ist eine Schiebetür. Man muss kräftig schieben, damit sie aufgeht.

„Nicht so heftig, Kind! Die neue Tür!", ruft die Mutter und hebt beschwörend die Arme hoch.

Melanie schnauft mürrisch und geht hinaus. Der Garten ist noch nicht angelegt. Überall liegen Erdhaufen herum.

„Zieh bitte die Schuhe aus, wenn du wieder hereinkommst. Es wäre schade um den neuen Teppichboden!", ruft ihr die Mutter nach.

Da dreht Melanie sich um und schreit: „Euer blödes neues Haus kann mich mal! Ich pfeif darauf!"

„Aber Melanie!", sagt die Mutter ganz erschrocken. „Was ist los? Gefällt es dir denn nicht?"

„NEIN!" Melanie stapft wütend durch die aufgeweichte Erde. Am Ende des Gartens steht ein alter Kirschbaum. Die Blätter sind schon fast alle abgefallen. Der Wind hat sie zu einem Haufen zusammengeweht.
Melanie lässt sich mit ausgebreiteten Armen hineinfallen. Es riecht nach Erde und Herbst. Nach etwas ganz Anderem. Nach Leben.
Melanie wühlt sich in den Laubhaufen und denkt: „Ich bleib hier nicht. Ich hau ab und komm nie wieder."
Einmal hat sie in einem Buch eine Geschichte gelesen von zwei Kindern, die ganz allein auf der Welt waren und nichts weiter besaßen als das, was sie in ihrem Rucksack tragen konnten. Im Sommer schliefen sie unter freiem Himmel, im Winter in Scheunen und Ställen. Ihr Essen verdienten sie sich mit kleinen Arbeiten. Wenn es ihnen irgendwo nicht mehr gefiel, zogen sie weiter. Sie machten, was sie wollten.
Melanie rollt sich auf den Rücken. „Wenn Daniel mitmachen würde", denkt sie. „Dem stinkt's schon lang zu Hause."
Sie steht auf, schüttelt das Laub aus ihren Kleidern und atmet tief durch. Gleich morgen wird sie hingehen und Daniel fragen.

Ich mag es,
wenn es früh dunkel wird

Rolf Krenzer

Wenn mein Vater aus dem Büro nach Hause kommt, sitzen wir alle zusammen und warten auf ihn.
Heiko und Sabine sind dann schon lange mit ihren Schulaufgaben fertig. Wir spielen zusammen ein Spiel.
Manchmal liest mir Heiko, mein großer Bruder, auch eine Geschichte vor. Unsere Mutter macht auch fast immer mit.
Wenn mein Vater nach Hause kommt, wird es schon dunkel.
Dann kocht meine Mutter Kaffee oder Tee.
Wir decken den Kaffeetisch.
Manchmal gibt es auch Kuchen. Vor Weihnachten gibt es fast immer ein paar Plätzchen.
Dann haben wir alle Zeit füreinander. Wir können alles bequatschen. Manchmal sitzen wir bis zum Abendbrot zusammen.

Im Sommer haben wir kaum Zeit dazu.
Aber im Winter ...
Deshalb mag ich es, wenn es früh dunkel wird.

Am Abend

Jenö Groller

Niemand hat mir vorgelesen,
niemand hat mich zugedeckt,
niemand hat mir fest versprochen,
dass er mich am Morgen weckt.

Niemand hat mich sanft gestreichelt,
zärtlich in den Schlaf geküsst,
niemand hat sich Zeit genommen,
alle haben sich vertschüsst.

Omas Wirbelwind

Irmchen Edelkötter

Heute ist Samstag, und Samstag kommt die Oma, hat Mama gesagt.

„Mama, heute kommt doch die Oma?", ruft Rieke durch den Flur.

„Ja, jeden Moment", ruft Mama zurück.

Rieke setzt sich ans Fenster. Von hier aus kann sie genau sehen, wenn die Oma kommt. So schön wie meine Mama ist die Oma ja nicht, denkt Rieke. Sie ist auch viel dicker und breiter als Mama. Aber wenn ich auf Omas Schoß sitze, dann ist es ganz weich und kuschelig. Wenn Oma die Arme dann noch um mich legt, denke ich oft an einen Vogel im Nest. So gemütlich finde ich es dann auf Omas Schoß.

Plötzlich schellt es und Rieke hört auch schon Omas Stimme im Flur. Rieke hat so fest an die Oma gedacht, dass sie ganz vergessen hat, auf die Straße zu gucken.

„Oma", schreit Rieke, rutscht vom Stuhl runter und rennt der Oma in die Arme.

„Na, mein Wirbelwind", sagt Oma und streichelt Rieke über den Kopf.

Rieke zieht Oma ganz schnell ins Wohnzimmer. Hier sind Papa und Mama. Papa hat schon den Kaffeetisch gedeckt. Der Kuchen, den Mama und Rieke gebacken haben, steht auch da. Als Papa und Mama die Oma begrüßen, kann Rieke richtig merken, dass die beiden die Oma auch ganz lieb haben. Rieke guckt den Papa und die Oma an und denkt: Die Oma ist ja Papas Mama und jetzt ist der Papa viel größer als die Oma. Ich kann mir gar nicht vorstellen, dass der mal bei der Oma im Bauch war.

Da hört sie Mama fragen: „Rieke, möchtest du die Kerze anzünden?"

Ja, Rieke will! Dann setzen sich alle an den Tisch: die Rieke, die Oma, die Mama und der Papa.

Rieke schiebt ihren Stuhl ganz nah zur Oma. „So, jetzt kann es losgehen", sagt sie.

Da legt Oma ihr auch schon ein Stück Kuchen auf den Teller.

Sonntag Mittag

Karin Gündisch

Sonntag Mittag sitzen alle vier beim Mittagessen: Vater, Mutter, Geri und Astrid.

Mutter gibt die Suppe in die Teller. Astrid tritt Mutter auf den Fuß. Das heißt, Mutter soll wenig Suppe in Astrids Teller tun. Mutter weiß das. Vater sieht in Astrids Teller.

„Gib ihr noch einen Löffel Suppe", sagt er, und Mutter gibt Astrid noch einen halb vollen Löffel Suppe in den Teller.

Sie beginnen zu essen.

„Geri, wie hältst du den Löffel?", sagt Vater.

Geri sieht den Vater nicht an. Er beugt sich über seinen Teller.

„Führ den Löffel zum Mund und nicht den Mund zum Teller", sagt Vater mit erhobener Stimme.

Geri hat einen dicken Knödel im Hals. Er kann nicht mehr essen.

„Iss schneller, das Essen wird kalt", sagt Vater.

Geri kaut und kaut und kann den Bissen nicht hinunterschlucken.

Mutter sagt: „Lass das Kind in Ruhe." Und dann hat Geri auch schon Tränen in den Augen.

„Halt den Mund", sagt der Vater zur Mutter, und zu Geri sagt er: „Bis der Teller nicht leer ist, stehst du nicht auf vom Tisch."

Dann rülpst der Vater und sagt: „Apfelstrudel, der Rülpser ist das A vom Apfelstrudel."

Vater steht vom Tisch auf.

Mutter räumt ab.

Geri isst den Teller leer.

Astrid bedauert Geri.

Am Sonntag werden Geri und Astrid erzogen.

Sonntag ist ein schrecklicher Tag, denkt Astrid.

Niki will Geld verdienen

Irina Korschunow

„Schulkinder haben nicht so viel Zeit, dass sie alles umsonst tun können", erklärte Niki.

Er verlangte fürs Milchholen und Abtrocknen 30 Pfennige und fürs Tischdecken 10 Pfennige.

Später sagte die Mutter: „Du musst noch deine Schuhe putzen."

„Gleich", murmelte Niki und vergaß es wieder.

Am nächsten Morgen standen die Schuhe mit ihren dicken Schmutzkrusten in der Ecke. Und es war schon so spät!

„Mit solchen Schuhen kannst du nicht gehen", sagte die Mutter.

„Ich schaffe es doch nicht mehr!", rief Niki. „Kannst du sie mir nicht putzen?"

„Gewiss", nickte die Mutter. „Wenn du mir 20 Pfennige gibst."

Niki sah sie verblüfft an.

„Warum denn! Du hast es doch immer gemacht!"

„Immer umsonst, meinst du", sagte die Mutter. „Aber das ist jetzt vorbei. In Zukunft musst du meine Hilfe bezahlen. Denkst du etwa, Mütter können alles umsonst tun?"

Niki fiel keine Antwort ein. Erstens, weil er so erstaunt war, zweitens, weil er keine Zeit hatte.

Es blieb ihm nichts anderes übrig: Er musste der Mutter zwanzig Pfennige geben.

„Das hätte ich nicht von dir gedacht", schimpfte er.

„Wieso?", wunderte sich die Mutter. „Du hast diese modernen Sitten doch selbst eingeführt. Na, wir unterhalten uns beim Mittagessen noch darüber."

Aber Niki fing mittags nicht wieder davon an.

Keine andere Mutter

Barbara Seuffert

Lieber Gott,
ich könnte keine andere Mutter
so lieb haben wie meine,
keine ist so schön wie meine,
keine riecht so gut wie meine,
keine lacht so schön wie meine,
keine versteht mich so wie meine,
du hast wirklich die beste
für mich ausgesucht.
Das wollte ich dir mal sagen.
Und dankeschön.
Amen.

Abschied

Manfred Mai

Papa muss für ein paar Tage nach Hannover fahren. Die Fabrik, in der er arbeitet, braucht eine neue Maschine. Weil Papa sich am besten auskennt, muss er die richtige Maschine in Hannover aussuchen.

Mama und Martin bringen Papa zum Bahnhof. In der Bahnhofshalle gehen viele Leute herum.

„Warum musst du denn nach Hannover?", fragt Martin.

„Aber Martin, das weißt du doch", antwortet Papa. „Ich hab's dir mindestens schon fünfmal erklärt."

„Bitte, bleib hier!"

„Martin", sagt Mama, „sei doch vernünftig."

„Nein!"

Der Zug fährt ein. Papa gibt Mama einen Kuss. „Passt gut auf euch auf."

Martin klammert sich an Papas Beine. „Du sollst hierbleiben!"

Papa macht sich los und Mama nimmt Martin auf den Arm.

„Ich komm doch bald wieder", sagt Papa. „Und ich bring dir auch was ganz, ganz Schönes mit."

Martin zieht die Nase hoch und wischt sich übers Gesicht. „So was Schönes gibt's nicht, dass du's nur weißt!"

Da guckt Papa aber.

Von der Zeit

Hans Adolf Halbey

Spiel mit mir Fußball, Vati!
Ich hab keine Zeit.
Dann kauf dir doch Zeit, Vati!
Ich kauf mir ein Fahrrad, dann komme ich früher nach
Hause und habe auch Zeit.

Geh mit mir schwimmen, Vati!
Ich hab keine Zeit.
Du hast doch ein Fahrrad!
Das macht mich zu müd. Ich kaufe ein Auto, dann bin ich
ganz schnell zu Haus und habe auch Zeit.

Zeigst du mir Bilder, Vati?
Ich hab keine Zeit.
Aber du hast doch ein Auto!
Das kostet viel Geld. Ich arbeite länger, bis es bezahlt
ist. Dann habe ich Zeit.

Da sparte der Junge die Zeit, sammelte alle verlorene
Zeit – und als die Zeit gekommen war, und der Vati das
Zeitliche segnete, da kaufte der Junge einen Kranz
für den Vati
und die Zeit.

Tandem

Ingrid Kellner

Ich darf Papa jeden zweiten Sonntag sehen. Mama ist von ihm geschieden.
„Von Tisch und Bett", sagt sie.
Von der kompletten Wohnung, würde ich sagen. In seiner neuen, na ja, da sind wir selten. Wir sind lieber draußen.
„Leo", sagte er gestern zu mir, „Leo, ich hab ein Tandem gekauft."
Zuerst fand ich es ja gut, das Ding. Ich wäre allerdings lieber vorne gesessen, doch Vater meinte, er hätte mehr Kraft und die Verantwortung.
„Gleichzeitig treten!", rief er.
Ich arbeitete mich rein, aber plötzlich prellten mir die Pedale gegen die Beine.
„Bremsen!", brüllte er, „pass doch auf!"
Wie denn? Ich sah ja nichts hinter seinem breiten Rücken.
Na, wir haben's dann doch geschafft, das Miteinander. Als ich abends nach Hause kam, fragte Mama: „Wie war's denn?"
„Cool!", hab ich gesagt.
Ich kann ihr doch nicht sagen, dass es total gut war, manchmal den Kopf an Papas warmen Rücken zu legen. So was sag ich ja nicht mal ihm, aber wetten, dass er's gespürt hat?

Meine Schwester und meine Freunde

Solfried Rück

Isabel, die in der Schule neben mir sitzt, hat eine Schwester, mit der schläft sie in einem Zimmer. Morgens und abends, sagt Isabel, hat sie ihre Schwester besonders lieb, abends vor dem Schlafengehen zum Quatschen und morgens zum Aufwachkuscheln. Dazwischen streiten sie meistens, aber das geht immer wieder vorbei. So habe ich mir meine Schwester auch vorgestellt.

Aber mit Christinchen kann man ja gar nichts anfangen, nicht mal streiten, weil sie ja gar nicht kapiert, wenn man wütend ist.

Wenn Klassenkameraden zu mir kamen, wollten sie immer gleich Christinchen sehen. Also interessant ist sie schon. Alle haben sie angestarrt wie ein Weltwunder, haben tausend blöde Sachen gefragt, und Mama hat auf die dümmsten Fragen noch Antworten gewusst. Damit wir nichts dagegen haben, Christinchen zwischen uns zu setzen, hat sich Mama immer ein paar Überraschungen für uns ausgedacht, damit es meinen Freunden gefällt. Sie hat Kindercola und Mohrenköpfe gekauft oder Kuchen gebacken.

Erst war das ja auch toll interessant und viele Kinder wollten immer zu mir kommen. Aber dann merkten sie, dass Christinchen immer dabei sein musste, und dann wollten sie nicht mehr. Christinchen nämlich blubbert und sabbert und spuckt das Essen aus dem Mund, auch wenn sie Hunger hat und eigentlich essen will. Sie macht in die Hose und riecht immer so komisch, obwohl sie jeden Tag gebadet wird. (Nur direkt nach dem Baden riecht sie nie, aber das riecht ja dann keiner außer mir.) Also, wenn ich mein Freund wäre, ich würde auch nicht mehr zu mir kommen, trotz Cola und Mohrenköpfen und Kuchen. Aber ich muss ja dableiben, weil ich hier zu Hause bin.

„Christinchen ist doch deine Schwester, hast du sie denn gar nicht lieb?", hat Mama gefragt.

„Doch, ich habe sie lieb. Aber muss ich sie deshalb immer mitnehmen? Andere Kinder müssen ihre Geschwister auch nicht überall dabei haben."

„Du hast ja Recht", hat Mama zögernd erwidert. „Entschuldige bitte, Anne, mach du nur, was du gerne möchtest."

Aber nach einer Pause hat sie gesagt: „Nur wenn du dich vielleicht noch nicht verabredet haben solltest, könnten wir vielleicht doch zu dritt …"

Was soll ich denn darauf bloß immer erwidern, ohne dass Mama wieder traurig wird?

Scheidung

Ursula Wölfel

Ein Junge hatte einen Freund. Sie wohnten im gleichen Wohnblock und trafen sich jeden Tag zum Spielen.
Aber der Freund hatte oft schlechte Laune.
„Was ist mit dir?", fragte der Junge.
„Meine Eltern haben Krach!", sagte der Freund.
Der Junge fand das gar nicht so schlimm. Er sagte: „Meine Eltern zanken sich auch manchmal. Nachher lachen sie und geben sich einen Kuss."
„Aber meine Eltern lachen überhaupt nicht mehr", sagte der Freund. „Die schreien sich nur noch an oder sie reden tagelang kein Wort miteinander. Ich wollte, sie ließen sich scheiden."
„Das geht doch nicht!", rief der Junge. „Dann hast du ja keine Eltern mehr!"
„Doch", sagte der Freund. „Sie wohnen dann nur nicht mehr zusammen und die Streiterei hört endlich auf. Ich bin dann bei meiner Mutter oder bei meinem Vater, und den anderen kann ich ja immer besuchen."
„Bei wem wärst du denn lieber?", fragte der Junge.
„Weiß ich nicht", sagte der Freund. „Komm, jetzt spielen wir."
Abends fragte der Junge seine Mutter: „Warum lassen manche Leute sich scheiden?"

Missverständnis

Sara Krüger

Anne will mit ihrer kleinen Schwester schmusen. Sie umfängt sie mit ihren Armen und will sie küssen.
Die kleine Schwester schreit: „Lass mich!" und reißt sich los.
Das ärgert Anne. Sie hält ihre Schwester fest und drückt ihr einen feuchten Kuss auf die Backe.
Die kleine Schwester brüllt: „Mama! Anne haut mich!"
Aber die Mutter hört nicht.
Die kleine Schwester läuft weg. Anne stellt sich ihr in den Weg. Die kleine Schwester stolpert und fällt hin. Ihr Kopf schlägt hart auf dem Boden auf.
Anne steht starr vor Schreck. Ist die Schwester tot? Nein, sie fängt an zu schreien!
Die Mutter stürzt herbei und hebt die kleine Schwester hoch. Sie blutet an der Stirn und brüllt!
Jetzt schreit auch die Mutter Anne an: „Du schreckliches Kind! Ich hab die Nase voll von dir!"
Anne weiß, dass es jetzt keinen Sinn hat, ihre Unschuld zu beteuern.
Sie geht in ihr Zimmer.
Sie hasst ihre kleine Schwester.
Sie hasst ihre Mutter.

Bumfidel
wünscht sich eine Puppe

Bumfidel wünscht sich eine Puppe zum Spielen. Die Mutter sagt: „Das ist doch nicht dein Ernst?"

Die Kinder johlen: „Bumfidel wünscht sich eine Puppe! Habt ihr's gehört?"

Die Nachbarn schütteln den Kopf. „Du bist doch kein Mädchen", sagen sie.

Bumfidel stört das Gerede nicht. „Ich wünsche mir eine Puppe", sagt er. „Zu Weihnachten, wenn's nicht eher sein kann."

Doch er kriegt keine. Die Mutter kauft sie ihm einfach nicht. Bumfidel spart wieder einmal. Und Botengänge macht er jetzt auch. Dann geht er selber in das Geschäft. „Ich möchte eine Puppe", sagt er.

„Für deine Schwester?", fragt die Verkäuferin.

„Nein", sagt Bumfidel. „Für mich. Zum Spielen. Die mit den Zöpfen bitte, die draußen in der Auslage steht."

Die Verkäuferin lacht. Sie holt die Chefin. Die lacht auch: „Möchtest du nicht lieber einen Teddy?"

Bumfidel bezahlt. Alle im Laden gucken ihm nach. Und auf der Straße bleiben die Menschen stehen. Bumfidel hält seine Puppe im Arm. Offen. Nicht etwa eingepackt. Dann spricht er sie das erste Mal an. „Was sind das nur für Leute? Die wollen nicht, dass du einen Vater hast."

So ist das mit Tschimi

Willi Tobler · Hans de Beer

Tschimi ist sechs Jahre alt.
Aber er kann schon bis 134 zählen.
Und lesen kann er auch.
Er liest jeden Morgen die Zeitung, sagt
er.
Dazu trinkt er eine Tasse Kaffee.
Und raucht einen dicken Stumpen.
Dann fährt Tschimi mit dem Auto in die
Schule.
Wenn er nach Hause kommt, hat er Hun-
ger.
Er sagt: „Mami, bring mir das Essen.
Aber ein bisschen dalli!"

So ist das mit Tschimi. Unglaublich.

Mädchen können das auch

Irina Korschunow

Ich heiße Ute und finde Autos toll. Bei uns in der Straße ist eine Werkstatt. Dort gehe ich nachmittags oft hin und gucke zu, wie kaputte Wagen repariert werden.
Zuerst haben die Mechaniker über mich gelacht.
„Na, kleines Mädchen", haben sie gesagt, „willst du nicht lieber mit Puppen spielen?"
Jetzt kennen sie mich und lachen nicht mehr. Im Gegenteil, sie erklären mir alles: wie der Motor arbeitet, was Kolbenfraß ist und warum die Bremse bremst.
Ich weiß schon ziemlich genau, wie ein Auto funktioniert, wie man einen Reifen wechselt und den Ölstand prüft. In der Werkstatt helfen, das macht mir Spaß. Am liebsten möchte ich später Automechaniker werden.
Meine Mutter schüttelt den Kopf, wenn sie das hört.
„Ein Mädchen und Automechaniker! So eine Schnapsidee!"
Dabei weiß sie ganz genau, dass ich etwas von Autos verstehe. Einmal hatten wir nämlich unterwegs einen Platten. Wir waren beide allein, meine Mutter und ich, und sie war ganz verzweifelt.

„Was sollen wir bloß tun?", hat sie gejammert. „Hoffentlich kommt ein Mann vorbei und hilft uns!"
Da bin ich ausgestiegen und habe das Warndreieck aufgestellt. Und dann habe ich ihr gezeigt, wie das Rad gewechselt wird. Allein konnte ich es nicht, weil ich noch nicht stark genug bin. Aber zu zweit haben wir es geschafft. Wir mussten nur noch bei der nächsten Tankstelle die Schrauben nachziehen lassen.
„Ist ja toll, was du kannst!", hat meine Mutter gestaunt. Sie hat mir ein großes Eis gekauft und ich musste ihr gleich noch den Motor erklären.
Aber Automechaniker soll ich trotzdem nicht werden.
„Das ist nichts für Frauen", behauptet sie und mein Vater und meine Oma sagen das auch.

Komisch: So viele Männer arbeiten als Koch.
Darüber wundert sich niemand. Aber wenn ein Mädchen Motoren reparieren will, dann sagen alle: Die spinnt.
Ehrlich, das verstehe ich nicht. Ich mag Autos. Und ich werde Automechaniker. Ganz bestimmt!

Topflappen

Gisela Schütz

Mutters Geburtstag rückte immer näher, aber Klaus wusste noch kein Geburtstagsgeschenk. Schließlich fragte er Ulrike. „Kannst du mir nichts sagen?"

„Hm, ich sticke Mutti ein Deckchen", antwortete Ulrike achselzuckend, und dann fügte sie lachend hinzu: „Du kannst ihr ja Topflappen häkeln."

„Hä? Du spinnst wohl!", rief Klaus. „Das ist doch Mädchensache!"

„Sieh da", entgegnete Ulrike. „Alles, wovon ihr Jungen nichts versteht, nennt ihr Mädchensache, typisch! Ihr häkelt ja nur keine Topflappen, weil ihr das nicht könnt. Weil ihr zu dumm dazu seid, jawohl!"

Oder hatte Ulrike sogar ›zu doof‹ gesagt? Klaus ärgerte sich jedenfalls. „Als ob ich keine Topflappen häkeln könnte!", sagte er.

„Versuch's doch", meinte Ulrike. „Ich glaube allerdings, das ist verlorene Mühe, du hast ja doch zwei linke Hände."

Das wollte Klaus nicht auf sich sitzen lassen. Wieso sollte er eigentlich nicht häkeln können? Nur weil er ein Junge war? Schließlich sind die Schneider auch Männer.

„Na, jetzt gibst du auf, was?", stichelte Ulrike. Aber sie hatte sich geirrt. Den Triumph gönnte Klaus ihr nicht.

„Abgemacht", sagte er. „Du zeigst mir das Häkeln und ich mache Mutti Topflappen. Warum schließlich nicht?"

Ulrike sah ihn erstaunt an. Aber Klaus meinte es ernst und so musste sie ihm das Häkeln zeigen. Und tatsächlich, es klappte, langsam zwar, aber immerhin.

„Von wegen zwei linke Hände!", meinte Klaus am Schluss stolz. „Hast du schon einmal so prima Topflappen gesehen?"

Als Klaus sein Geburtstagsgeschenk überreichte, musste sich seine Mutter vor Staunen erst einmal hinsetzen.

„Du hast das gemacht?", fragte sie verblüfft. „Das sind ja ganz prächtige Topflappen! Ich wusste gar nicht, dass ich einen so tüchtigen Sohn habe! Vielen, vielen Dank!"

Gegen dieses blöde „Jungen-gegen-Mädchen"

Usch Barthelmeß-Welle

Also, in der ersten Klasse, da ging es ja noch. Da waren die Jungs, na, da gab es noch keinen so großen Unterschied, da waren alle irgendwie gleich, Jungs und Mädchen. Da mussten wir alle sehen, wie wir so zurechtkamen mit all dem Neuen …

In der zweiten Klasse fing es schon an, da taten die Jungs sich groß, besonders in der Pause. Die gaben an, sie wären stärker und so. Sie taten so, als wenn sie was Besseres wären. Sie fingen an, uns zu ärgern, nahmen uns Sachen weg, zogen Annette an den Haaren, und wenn wir uns dann wehrten, kämpften sie uns nieder. Sie taten sowieso nichts anderes als kämpfen; es machte keinen Spaß mehr mit ihnen.

In der dritten Klasse wurde es dann ganz schlimm. Die Jungs spielten sich auf. In der Schulstunde, also, da waren sie ziemlich still. Aber sonst war es nicht mehr auszuhalten mit ihnen. Sie ärgerten uns immerzu. Wenn wir irgendwo ein Spiel anfingen, kamen sie und störten uns. Wenn wir uns im Hof auf die Bank setzten, kamen sie und stießen uns runter. Wenn wir vor der Mauer saßen, liefen sie dauernd über unsere Beine. Karla hänselten sie, weil sie so dick ist, Benita, weil sie dünn ist, Monika, weil sie rote Haare hat, Nina, weil sie schwarze Locken hat. Überhaupt behaupteten sie, alle Mädchen wären doof. Als wenn die besser wären mit ihren blöden Ärgern-Spielen, Angeber-Spielen und Kämpfen-Spielen. Denen fiel doch auch nichts Gescheites ein. Aber wenn sie mal was Gescheites spielten, dann ließen sie uns nicht mitspielen …

In den anderen Klassen war es nicht besser, das sahen wir auf dem Schulhof. Nur in den höheren Klassen hatten die Mädchen ihre Ruhe oder schon Freunde. Eigentlich habe ich gar nichts gegen Jungs, einzeln können sie ganz nett sein. Es ist mir sogar schon passiert, dass ich mit einem Jungen prima gespielt habe, und nachher, als die anderen dabei waren, hat er sich genauso blöd benommen wie die.

Jungs auf einem Haufen sind unausstehlich, na ja, Mädchen vielleicht auch. Ich hätte gern etwas dagegen getan, gegen dieses blöde Jungen-gegen-Mädchen.

Mit-
einander
leben

Kinder

Rainer Schnurre

Wir Kinder
mit der weißen Haut
sind nicht die einzigen Kinder auf der Erde.

Wir Kinder
mit der schwarzen Haut
sind nicht die einzigen Kinder auf der Erde.

Wir Kinder
mit der gelben Haut
sind nicht die einzigen Kinder auf der Erde.

Wir Kinder
mit der roten Haut
sind nicht die einzigen Kinder auf der Erde.

Wir sind alle gleich.

Wenn Kinder mit roter Hautfarbe
und Kinder mit schwarzer Hautfarbe
und Kinder mit weißer Hautfarbe
und Kinder mit gelber Hautfarbe
zusammen spielen,
dann streiten sie sich schon mal
um einen Ball, um eine Puppe
oder wer Erster ist,
aber wir Kinder vertragen uns immer wieder.

Wir Kinder
mit gelber, roter, weißer und schwarzer Hautfarbe,
auch wenn wir uns einmal streiten,
wir vertragen uns immer wieder.

Wir,
die Kinder auf der ganzen Welt.

Maria

Annette Wittkamp

Die Lehrerin setzte Maria neben Antje. Maria roch anders als die anderen. Nach Erde roch sie. Maria trug graue Kleider mit Stoffgürteln. Die schwarzen Zöpfe fest nach hinten geflochten. Sie hatte eine gelbe Haut. Kleine, schwarze Augen. Ohne Wimpern. Trockene, aufgesprungene Lippen.

Maria war immer allein. Sie aß in der Pause kein Butterbrot. Sie stand einfach da. Sah ins Leere.

Antje verabscheute Marias Geruch. Hielt sich die Nase zu. Fand ihre Kleider altmodisch. Die Zöpfe abstoßend. Antje hat Maria geboxt. Heimlich unter der Bank getreten. In den Arm gekniffen. Maria ertrug das. Ohne sich zu wehren. Etwas zu sagen.

Aber dann ließ sie einen Zettel auf der Bank liegen. Antje las: Ich hasse Antje. Antje kaut Fingernägel. Antje ist dick. Antje lügt.

Maria und Antje sind nie Freundinnen geworden. Aber Antje hat an Maria gedacht. Dann, wenn sie an den Fingernägeln kaute. Zu viel Kuchen aß. Lauthals Geschichten erzählte.

In der Stadt

Max Bolliger

Katrin wohnt in einem kleinen Dorf. Jeder kennt jeden, die zwei Lehrerinnen, den Pfarrer, den Bäcker, den Metzger, den Schreiner, die Kaminfegerin, den Arzt, die Dorfschwester, die Bäuerin vom Berg ...

Hin und wieder darf Katrin mit den Eltern in die Stadt fahren. Im Kaufhaus mit den vielen Rolltreppen gibt es mehr Dinge, als Katrin sie sich jemals wünschen könnte. In der U-Bahn getraut sie sich nicht die Hand der Mutter loszulassen. Da sind Japaner, Chinesen, ein Afrikaner ...

Vor ihr und der Mutter stehen zwei junge Männer. Sie sind nicht schwarz, keine Chinesen, keine Japaner, keine Türken. Sie halten sich an den Händen und küssen sich. Die Mutter schaut verlegen zur Seite. Warum eigentlich? Katrin findet nichts dabei. Warum sollen nicht auch zwei Männer sich lieb haben?

Das ist Sandra

Elisabeth Stiemert

Sandra erzählt nicht viel in der Schule. Sie erzählt eigentlich nichts.
Sie liest gerne vor und sie liest gut. Nur sie erzählt nichts.
Sandra hört immer nur zu.
„Ach", hat die Lehrerin einmal gesagt, „ich kenne dich gar nicht genug, Sandra. Erzähl mir doch bitte, mit wem du nachmittags spielst und was du so spielst."
Sandra hat nichts gesagt.
Da hat Olaf gerufen: „Was Sandra spielt? Die spielt Fußball!"
Die Lehrerin hat gestaunt. „Du spielst Fußball?"
Sandra hat jetzt genickt.
„Spielst du alleine?", hat die Lehrerin sie gefragt. „Bei euch im Hof oder im Garten?"
Sandra hat den Kopf jetzt geschüttelt.
Die Lehrerin hat gefragt: „Spielst du in einer richtigen Mannschaft?"
Sandra hat wieder genickt.
„Sind in der Mannschaft Jungen und Mädchen?"

Sandra hat ihren Kopf jetzt geschüttelt.
„Nur Mädchen?", hat die Lehrerin sie gefragt.
Sandra hat jetzt genickt.
„Wie lange spielst du schon Fußball?"
Sandra hat mit den Schultern gezuckt.
„Stehst du im Tor?", hat die Lehrerin sie gefragt.
Sandra hat ihren Kopf jetzt geschüttelt.
„Hat deine Mannschaft schon öfter gewonnen?"
Sandra hat jetzt genickt.
„Wenn deine Mannschaft ein Tor schießt, freust du dich
dann?"
Sandra hat wieder genickt.
„Was sagst du, wenn deiner Mannschaft so etwas ge-
lingt?", hat die Lehrerin weitergefragt.
„Tor!", hat da Sandra gerufen.
Sie hat es laut in die Klasse gerufen und dabei hat sie
richtig gelacht.
„Tor!", haben die anderen Kinder geschrien. „Sandra
hat etwas erzählt!"

Der Spiegel der Welt

Ein Hund hatte von dem Tempel der tausend Spiegel gehört. Er wusste nicht, was Spiegel sind, aber er hatte eine große Sehnsucht, den Tempel zu besuchen. Nach wochenlanger Wanderung langte er dort an. Er lief die Stufen hinauf. Als er durch die Eingangstür gegangen war, da blickten ihn aus tausend Spiegeln tausend Hunde an. Da freute er sich und wedelte mit dem Schwanz. Da freuten sich auch in den Spiegeln tausend Hunde und wedelten mit dem Schwanz. Er verließ den Tempel in dem Bewusstsein: Die Welt ist voller freundlicher Hunde. Von da an ging er jeden Tag in den Tempel der tausend Spiegel.

Am Nachmittag kam ein anderer Hund in den Tempel der tausend Spiegel. Als er durch die Eingangstür gegangen war, blickten ihn aus tausend Spiegeln tausend Hunde an. Da zeigte er vor Angst die Zähne und knurrte. Da knurrten aus den Spiegeln tausend Hunde zähnefletschend zurück. Der Hund zog den Schwanz ein und eilte davon in dem Bewusstsein: Die Welt ist voller böser Hunde. Nie wieder wollte er in den Tempel der tausend Spiegel.

Der Tempel der tausend Spiegel ist die Welt. Wer egoistisch und streitsüchtig ist, der erlebt auch Egoismus und Streit in der Welt. Wer sich aber fröhlich und freundlich umsieht, der findet auch freundliche Gefährten.

Solche Häuser
und andere Häuser

Renate Schupp

Eva, Usch und Daniel gehen die Straße entlang und klingeln an den Häusern.

„Guten Tag", sagen sie zu Herrn Max. „Dürfen wir reinkommen?"

„Was? Ihr? Jetzt?", ruft Herr Max und schlägt die Tür zu. „Unverschämtheit! In meinem Haus will ich meine Ruhe haben!"

Eva, Usch und Daniel klingeln bei Frau Else.

„Dürfen wir reinkommen?", fragen sie.

„Ihr? Jetzt?", sagt Frau Else. „Das passt mir gar nicht. Gerade eben habe ich frisch geputzt und aufgeräumt."

Eva, Usch und Daniel klingeln bei Herrn Walter: „Dürfen wir reinkommen?"

Herr Walter steht auf der Leiter und streicht die Wand.

„Jetzt? Tut mir Leid!", sagt er. „Ihr seht ja, dass ich arbeite. An einem Haus gibt es immer Arbeit. Ich habe keine Zeit, mit euch zu spielen."

Eva, Usch und Daniel klingeln bei Frau Rosa. Frau Rosa breitet die Arme aus und ruft: „Ihr kommt gerade im richtigen Augenblick. Ich habe einen Kuchen gebacken. Es ist ein bisschen Durcheinander in der Küche, aber wir werden's uns schon gemütlich machen."

Sie öffnet die Tür weit, ganz weit, und sagt: „Herzlich willkommen!"

Im Schwimmbad*

Rolf Krenzer

Der Mann setzt den Jungen vorsichtig auf den Rasen. Dann breitet er eine Decke aus und hebt den Jungen behutsam darauf. Der Junge hilft, so gut er kann.
Der Junge ist so behindert, dass er sich nicht allein ausziehen kann. Auch dabei muss der Mann helfen.
„Ich hole noch die Tasche!", sagt der Mann und geht mit schnellen Schritten davon.
Sylvia tut der Junge Leid. Sie muss immer wieder hinschauen. Aber dann guckt sie ganz schnell weg, damit er nicht bemerkt, dass er beobachtet wird.
„Hallo!", sagt der Junge und lacht Sylvia an. „Klasse Wetter!"
Da steht Sylvia auf und geht zu ihm.
„Warst du schon im Wasser?", fragt der Junge.
Sylvia nickt. „Es ist herrlich!" Sie schaut den Jungen an, schluckt, sagt aber dann doch: „Schade, dass du nicht schwimmen kannst!"
Der Junge lacht. „Warte, bis mein Vater wiederkommt!", meint er.

Als Sylvia zu ihren Freundinnen zurückgeht, flüstert ihr Doris zu: „So einer wohnt auch bei uns in der Nachbarschaft. Das ist ein Spastiker!"
Inzwischen ist der Mann zurückgekommen. Er packt den Jungen mit beiden Händen und führt ihn zum Schwimmbecken. Die Mädchen laufen hinterher.
„Passen Sie auf, hier ist doch das Becken für Schwimmer!", sagt Sylvia vorwurfsvoll zu dem Mann.
Der Mann lacht. Er hebt den Jungen hoch und stößt ihn mit Schwung ins Wasser.
Die Mädchen schreien auf. Der Junge versinkt. Dann kommt er wieder hoch. Er prustet. Und dann schwimmt er.
„Mensch, der kann ja schwimmen!", sagt Sylvia.
„Was dachtest du denn?", lacht der Mann und springt auch ins Wasser.

---

* Titel redaktionell

Eine

Irmela Brender

Eine drehte sich um nach ihm, als alle anderen die Köpfe schon wieder über die Bücher beugten. Er nahm das den anderen nicht übel, er wusste, ein Neuer in der Klasse ist nicht so interessant, dass man ihn die ganze Stunde hindurch anstarren könnte, schließlich ging der Unterricht weiter und er musste eben da sitzen und sich eingewöhnen.

Aber die eine im blauen Kleid sah immer wieder zu ihm, nicht neugierig, noch nicht einmal lächelnd. Das Profil, das sie ihm zeigte, manchmal auch noch ein bisschen Wangenfläche dazu, war ernst und aufmerksam, als habe sie über ihn nachzudenken. Das halbe Klassenzimmer lag zwischen ihnen und er konnte ihre Augenfarbe nicht erkennen. Braun, schätzte er, und ein paar Sommersprossen auf der Nase und das ganze Gesicht ein bisschen zu mager. Die gehört nicht zu den Niedlichen, dachte er, die sich um einen Neuen kümmern, weil das so gut passt zu ihrer Niedlichkeit und weil sie dann noch einen haben, der sie nett findet. Die gehört vielleicht noch nicht mal zu den Netten.

Eine Struppige ist das, überlegte er, eine, die kicken kann, fast wie ein Junge, und plötzlich wegläuft, wenn man glaubt, sie sei ein Kumpel. Eine, die nicht mit Freundinnen kichert und tuschelt, sondern viel allein herumläuft, nicht spazieren geht, sondern eben herumläuft, und die allerhand kennt in der Stadt. Eine, von der man manches erfahren kann, aber nicht unbedingt das, was zählt.

Es fiel ihm ein, dass er sich irren könnte, aber er glaubte es nicht. Ich werde ihr ein Zeichen geben, sagte er sich, und wenn sie reagiert, dann habe ich mich nicht geirrt. Dann ist sie eine, die ich mögen könnte, zumindest mögen.

Als sie sich wieder umsah, lächelte er. Da stand sie auf und brachte ihm ihr Buch. Fast unfreundlich legte sie es vor ihn auf den Tisch; er sah dabei, dass sie magere Finger hatte mit ganz kurzen Nägeln, das passte auch. „Danke, ich geb's dir nachher wieder", sagte er schnell, bevor sie etwas sagen konnte. Sie nickte und ging zurück an ihren Platz.

Alle beugten die Köpfe über die Bücher, er auch. Aber er gab Acht, dass er den Augenblick nicht verpasste, in dem sie sich noch einmal nach ihm umschaute und beinah lächelte.

Auf dem Campingplatz

Jakob Muth · Gerhard Velthaus (gekürzt)

Auf dem Campingplatz an der Adria, den Vater ausgesucht hatte, standen schon viele Zelte. Der Platzwart zeigte uns eine schöne Stelle am Strand. Und dann ging es los: Vater fing an, das Zelt aufzubauen. Mutter kochte eine Suppe auf dem Kocher. Ich musste die Luftmatratzen aufblasen. Ich hockte mich ins Gras und pustete. Die Luftmatratze blähte sich aber nicht auf.
Da kam ein Junge aus dem Nachbarzelt. Er war braun gebrannt und hatte tiefschwarze Haare. Er redete auf mich ein. Ich konnte aber nur ein einziges Wort verstehen: Pietro, Pietro. So hieß er wohl. Ich gab ihm einfach die Luftmatratze und sagte: „Da, Pietro!" Er blies die Backen auf und pustete und pustete: psch, psch, psch. Aber die Luftmatratze blähte sich nicht auf.
Da kam noch ein Junge aus einem Nachbarzelt. Am nächsten Tag erfuhr ich, dass er Josip hieß. Er hatte eine Handpumpe. Mit der konnte man Luftmatratzen aufblasen. Josip redete auf Pietro und mich ein. Ich verstand kein Wort. Pietro verstand auch nichts, denn er guckte mich so fragend an.
Da nahm ich Pietro die Luftmatratze weg und gab sie Josip. Der steckte den Pumpenschlauch in den Matratzenschlauch und drückte den Blasebalg. Ein bisschen Luft kam in die Matratze. Aber nicht viel.

Dem Josip mussten bald die Arme weh tun. Er hatte bestimmt schon dreißigmal gepumpt. Da kam ein Mädchen. Das hatte uns die ganze Zeit ungerührt zugesehen. Es brachte einen großen Blasebalg mit einem langen Schlauch. Das war eine Fußpumpe.

Schnell nahm es dem Josip die Luftmatratze weg, steckte den langen Schlauch in den Luftmatratzenschlauch und trat ruckweise auf den Blasebalg. Dabei redete es unaufhörlich. Ich konnte nichts verstehen.

Ein paar Mal hat das Mädchen gesagt: „Eiämpeggy". Und da dachte ich: Ach, die heißt Eiämpeggy.

Da kam mein Vater. Er hörte sich an, was Eiämpeggy sagte. Dann sagte er: „Peggy, lätt mi du sätt." Und jetzt trat er auf den Blasebalg: fsch, fsch, fsch. Aber schon nach dem sechsten Mal hörte er auf und drehte die Luftmatratze um. Und was war da? Zwei Reißbrettstifte steckten auf der Unterseite in der Matratze.

Da sagte der Vater: „Ah!"

Und der Pietro machte erstaunte Augen und sagte: „Ah!"

Und der Josip lachte und sagte: „Ah!"

Und die Peggy bückte sich schnell und zog einen Reißbrettstift aus der Matratze und sagte: „Ah!"

Und ich sagte: „Ah, das Wort ›ah‹ versteht ihr wohl alle."

Ganz gleich?

Karin Schupp

Benny und Baba sind Freunde.
Sie sitzen im Baum und lassen die Beine baumeln.
Benny sagt: „Meine Lieblingsfarbe ist Blau."
„Meine auch", sagt Baba.
Benny sagt: „Im Winter mag ich am liebsten basteln."
„Ich auch", sagt Baba.
Benny sagt: „Und im Sommer gehe ich am liebsten baden."
„Ich auch", sagt Baba.
Benny lacht: „Wir sind ganz gleich – du und ich."
Baba denkt nach.
„Nicht ganz", sagt er. „Du bist weiß und ich bin schwarz."

Hautfarben

Ursula Wölfel

Ein Mädchen fuhr mit seinem Vater im Autobus. Sie wollten in die Stadt. Das Mädchen freute sich, es sollte neue Schuhe bekommen. Da stieg noch ein anderes Mädchen mit seinem Vater ein. Sie hatten beide eine dunkelbraune Haut, eine fast schwarze Haut.

Viele Leute im Autobus drehten sich um. Sie starrten den dunklen Mann und das dunkle Kind an. Sie flüsterten miteinander.

Das Mädchen dachte gar nicht mehr an die neuen Schuhe. Immer musste es das dunkle Kind ansehen.

Dann stieg das Mädchen mit dem Vater aus. Auf der Straße fragte es:

„WARUM BIN ICH NICHT SCHWARZ?"

„Weil Mutter und ich eine helle Haut haben, nur darum", sagte der Vater.

Anders sein

Ruth Kerner

Es war einmal ein Bub, der war so klein, dass er durch das Loch, das man für die Katze in der Tür gelassen hatte, hinein- und hinausspazieren konnte.

Und es war da ein Bub, der war so groß, dass er Papierschiffchen in der Regenrinne schwimmen lassen konnte. Die anderen Buben aber, die nicht so klein oder so groß waren, lachten und verspotteten die beiden.

Da drehten sich der Kleine und der Große um und liefen fort. Aber die andern Buben rannten hinterher mit Stöcken und Steinen. Schnell setzte der Große den Kleinen auf die Schulter und machte so lange Schritte, dass sie bald in der Ferne verschwunden waren.

„Ohne dich wäre es mir übel ergangen", sagte der Kleine zu dem Großen.

Am Abend kehrten sie heim. Doch die andern Buben hatten sich mit den Stöcken und Steinen hinter einer Scheune versteckt und warteten. Als die beiden herankamen, sprangen sie hervor. Der Große schnappte den Kleinen und lief auf das Tor zu. Doch das Tor war verschlossen. Da ließ sich der Kleine kopfüber auf den Boden fallen, rannte durch das Katzenloch in die Scheune hinein und schob den Riegel zurück. Das Tor öffnete sich, und als der Große drinnen war, schlug es wieder zu.

„Ohne dich wäre es mir übel ergangen", sagte der Große zu dem Kleinen.

Die Buben draußen lärmten und schimpften, doch einer unter ihnen war still. Er dachte darüber nach, ob es nicht viel lustiger wäre, anders zu sein als alle, kleiner oder größer, dicker oder dünner.

Er klopfte an das Tor und rief: „Kleiner und Großer, ich will euer Freund sein."

Der Kleine und der Große aber antworteten: „Du kannst nur unser Freund sein, wenn du anders bist als alle."

Die Buben hatten dies gehört. „Natürlich bist du anders", sagten sie, „du bist stiller als wir." Da ließen der Kleine und der Große den Stillen herein.

„Und du", zeigten die Buben auf einen, „du schreist immer am lautesten." Da ließen der Kleine und der Große und der Stille den Lauten herein.

Zum Schluss stand das Scheunentor weit offen und im Kreis saßen der Kleine und der Große, der Stille und der Laute, der Dumme und der Kluge, der Lustige und der Traurige.

Später gingen sie alle heim. Die Stöcke und Steine blieben liegen.

Platz für alle

Gina Ruck-Pauquèt

„Auf unserer Bank sitzt einer", sagte Ante.
Ausgerechnet hinter dieser Parkbank hatten sie ihre Löcher zum Murmelspielen.
„U", sagte Susanne. „Ist doch Platz genug für alle."
„Wisst ihr, wer das ist?", sagte Mali. „Der, der da sitzt?"
„Der blaue Hein", sagte Florian.
„Der Knastbruder?", fragte Ante. „Da geh ich nicht hin!"
„Warum nicht?", sagte Florian.
„So'n Typ!", sagte Ante. „Arbeitet nicht und säuft."
„Wird dich schon nicht fressen", sagte Florian.
„Wo sollte der auch arbeiten?", sagte Susanne. „Den will doch keiner."
„Weil er irgendwas gemacht hat", sagte Mali. „Geklaut oder so."
„Dafür ist er doch bestraft worden", sagte Florian. „Das ist längst vorbei."
Ante fielen die Bonbons ein. Das war schon lange her. Aber er hatte mal im Supermarkt Bonbons geklaut.
„Jeder macht mal was", sagte er.

„Na ja", sagte Mali. „Aber wie der rumläuft!"

„Dem ist alles egal", sagte Florian. „Wenn ihn doch keiner ansieht."

„Glaubst du, dass er traurig ist?", fragte Mali.

„Geld hat er nicht", sagte Susanne.

„Ja, und was macht er dann?", fragte Mali.

Florian zuckte die Achseln.

„Irgendwann wird er vielleicht wieder kriminell werden. Und dann stecken sie ihn wieder ins Gefängnis."

„Ja, aber ...", sagte Ante.

„Was können wir da schon tun?", fragte Susanne.

Florian steckte die Hand in die Jackentasche. Die Murmeln fühlten sich glatt und warm an.

„Kommt", sagte er. „Wir wollen spielen."

„Wo?", fragte Ante.

„Hinter unserer Bank", sagte Florian. „Hinter der Bank, auf der der blaue Hein sitzt. Vielleicht macht's ihm Spaß, uns zuzusehen."

„Ja", sagte Mali. „Vielleicht sprechen wir ein bisschen miteinander."

Bumfidel leiht einem Mädchen ein Taschentuch

Marie-Luise Bernhard-von Luttitz

Bumfidel wohnt in einer Straße, da wohnt ein Kind, das keiner mag. Ein Mädchen ist es. Es gibt solche Kinder, die haben mit Erwachsenen einfach kein Glück. Und mit Kindern oft auch nicht.

Von dem Mädchen sagen die Leute: „Wie die schon aussieht. Die hat wohl noch nie einen Kamm gesehen. Und dann ist das Balg auch noch so frech."

Zu ihren Kindern sagen sie: „Mit der spielt ihr nicht."

Bumfidels Mutter sagt das nicht. Bumfidels Mutter gibt den Eltern die Schuld. „Weil die nicht arbeiten", sagt sie. „Deswegen taugt auch die Kleine nichts."

Bumfidel wundert sich. „Taugen Kinder nichts, wenn die Eltern nichts tun?"

„Meistens", sagt die Mutter. „Das ist nun mal so."

Bumfidel gefällt es nicht, dass es so ist.

„Tag", sagt er zu dem Kind, als er es das nächste Mal sieht. „Möchtest du vielleicht ein Taschentuch?" Denn die Nase läuft ihm bis in den Mund.

Aber das Mädchen antwortet nicht. Es dreht sich um.
Bumfidel läuft im Kreis um das Kind herum. Doch so
schnell wie er läuft, so schnell dreht es sich auch. Im-
merzu um sich selbst.
Als es schwindlig wird, bleibt es endlich stehen. Es
streckt Bumfidel die Zunge heraus.
„Bäh", macht es.
Bumfidel sagt ebenfalls „Bäh". Nur nicht böse. Er lacht
dabei.
Jetzt lacht das Kind auch. Bumfidel hat es noch nie-
mals lachen sehen. Bumfidel staunt. „Du bist ja richtig
hübsch, wenn du lachst."
Dann geht er weg.
Das Mädchen starrt hinter ihm her. Es ist sich über die
Nase gefahren.
Bumfidel dreht sich noch einmal um.
„Wenn du willst", ruft er, „komm ich morgen zum Spie-
len."

Von dem Jungen, vor dem alle Angst haben

Elisabeth Stiemert

In der Dreierleistraße wohnte ein Junge, vor dem alle Angst hatten. Der Junge wohnte hier noch nicht lange. Er war größer als die anderen Kinder und er saß auf der Treppe vor seinem Haus einfach so da. Jeden Tag saß der Junge da auf der Treppe und er machte meistens ein böses Gesicht. Sonst machte er nichts.
Manchmal spuckte er allerdings, aber nur auf die Straße. Manchmal pfiff er auch laut. Er steckte zwei Finger in seinen Mund und pfiff dann wirklich ganz laut. Manchmal boxte er auch in die Luft. Mit zwei Fäusten boxte er vor sich hin, als ob jemand da wäre, den er so boxte. Aber er saß immer auf der Treppe dabei.
Trotzdem hatten die anderen Angst.
Wenn die Kinder aus der Dreierleistraße einkaufen mussten, gingen sie nicht an dem Jungen vorbei. Sie gingen hinüber auf die andere Seite der Straße. Und wenn der Junge zu ihnen hinsah, liefen sie schneller. Manche glaubten, der Junge hätte ein Messer. Manche glaubten auch, er nähme ihnen das Geld weg, das sie zum Einkaufen brauchten, und Spielsachen machte er sicher kaputt. Ein Junge, der immer so böse guckte, machte

sicherlich alles kaputt. Und bestimmt haute er kleinere Kinder.

Einmal kam ein Kind zu Besuch in die Dreierleistraße und nach dem Kaffeetrinken kam das Kind heraus. Es hatte seinen Ball mitgebracht und wollte sehr gerne spielen. Das Kind ging mit dem Ball zu dem Jungen. Es wusste ja nicht, dass die anderen vor ihm Angst hatten.

„Wollen wir spielen?", fragte das Kind diesen Jungen. Der Junge guckte erstaunt. Dann stand er auf von der Treppe und lachte. „Los", sagte der Junge, „wir spielen Torschießen!"

Die anderen Kinder aus der Dreierleistraße sahen sich an, wie der Junge mit dem fremden Kind spielte. Sie standen weit weg. Aber sie sahen, dass der Junge auch lachte.

„Vielleicht hat der Junge kein Messer", dachten sie jetzt. „Vielleicht nimmt er kein Geld weg."

„Vielleicht macht er auch gar nichts kaputt und sicherlich haut der Junge auch keinen."

Morgen wollten sie fragen, ob er Lust hatte, mit ihnen zu spielen.

Der Axtdieb

Aus China

Es war einmal ein Mann, der hatte seine Axt verloren. Er hatte seines Nachbars Sohn im Verdacht und beobachtete ihn. Die Art, wie er ging, war ganz die eines Axtdiebes; sein Gesichtsausdruck war ganz der eines Axtdiebes; die Art, wie er redete, war ganz die eines Axtdiebes; aus allen seinen Bewegungen und aus seinem ganzen Wesen sprach deutlich der Axtdieb. Zufällig grub jener einen Graben um und fand seine Axt. Am anderen Tag sah er seinen Nachbarssohn wieder. Alle seine Bewegungen und sein ganzes Wesen hatten nichts mehr von einem Axtdieb an sich.

Rot werden

Ingrid Bergmann

Es wird gleich klingeln. Ich habe Angst. Alle Kinder tuscheln miteinander und drehen sich nach mir um. Alle glauben, ich hätte die zwei Markstücke vom Lehrertisch gestohlen. Nun wollen sie mich auf dem Nachhauseweg verkloppen.

Ich kann mit keinem sprechen. Ich sitze allein an einer Tischgruppe. Ich war es aber doch gar nicht! –

Frau Gruber hat gefragt, wer das Geld vom Tisch genommen hat. Plötzlich haben sich alle nach hinten gedreht und mich angestarrt. Ich muss wohl ganz unsicher geguckt haben, so, wie ein Dieb ungefähr. – Rot geworden bin ich auch. Nun glauben sie alle, ich wär's. Frau Gruber meint auch, dass ich es wohl gewesen sein muss. Sie hat nur gesagt, wenn ich weiter klaue, komme ich ins Erziehungsheim.

Warum glauben sie immer, dass ich klaue? Vielleicht, weil ich keine hübschen neuen Sachen anhabe? Vielleicht, weil ich im Kinderheim wohne? Vielleicht, weil ich oft meine Hausaufgaben nicht mache? Vielleicht, weil ... Ich weiß es nicht.

Im Krankenhaus

Petra Moser

Eines Tages hatte ich schreckliche Bauchschmerzen. Meine Mutter ging mit mir zum Doktor. Der sagte, ich hätte eine Blinddarmentzündung. Es sei am besten, wenn man den Blinddarm herausnähme.

Am anderen Tag fuhr mich mein Vater ins Krankenhaus. Die Schwester führte mich in ein weiß gestrichenes Zimmer. Sie zeigte mir mein Bett und ging gleich wieder hinaus. Ich fühlte mich sehr allein und hilflos. Ich wusste nicht, was ich sagen sollte.

Da redete mich ein Mädchen an und fragte mich, wie ich heiße. Ich konnte sie sehr schlecht verstehen, sie sprach so langsam und komisch wie ein kleines Kind. Nach kurzem Überlegen antwortete ich: „Iris. Und du?"

„Manuela!"

Da fingen die anderen Mädchen an zu lachen, aber ich wusste nicht warum. Sie sagten immer wieder „wauo, wauh, wauha". Sie sprachen ganz langsam. Die Wörter klangen, als wenn Manuela etwas sagen wollte. Sie lachten Manuela aus, weil sie so komisch sprach.

Ich bereute es sofort, dass Manuela gerade mich so lieb angenommen hatte.

Am Abend, als wir zu Bett gingen, konnte ich nicht gleich einschlafen. Die anderen schliefen schon, da hörte ich ein komisches Gemurmel. Manuela sagte zu sich selbst, nein, zu ihrem Teddy: „Warum mag mich niemand? Warum bin ich so allein? Ich kann nichts dafür, dass ich so bin und nicht so, wie die anderen mich haben wollen."

Ich dachte lange darüber nach und nahm mir vor, dass ich von nun an mit ihr spielen werde und lieb zu ihr bin. Doch am anderen Morgen war alles wieder vergessen, was ich mir am Abend zuvor vorgenommen hatte. Sie saß wie immer in einer Ecke und sprach zu ihrem Teddy. Wenn sie etwas sagen wollte, lachten wir sie aus und sagten: „Wuo, wuah, wuoha."

Als ich nach zwei Wochen entlassen wurde, verabschiedete ich mich von den Mädchen herzlich. Zu Manuela sagte ich zum Abschied nur „woua, wou, wuo, wua, wuo".

Wowa

J. Permjak

Wowa war ein bärenstarker Junge. Alle fürchteten sich vor ihm, denn er fand nichts dabei, mit den anderen zu raufen – ohne jeden Grund. Dabei schlug er hart zu.

Mädchen bewarf er mit Steinen. Erwachsenen schnitt er Grimassen. Dem Hund Puschok trat er auf den Schwanz und den Kater Mursej zog er am Schnurrbart. Den Hausigel jagte er unter den Schrank.

Zu jedem war er patzig, sogar zu seiner Großmutter.

Er selbst aber hatte vor niemandem Angst, nichts konnte ihn einschüchtern. Damit prahlte er auch noch und bildete sich eine Menge darauf ein.

Nur ging das nicht lange so. Mit der Zeit wollte kein Junge mehr mit ihm spielen. Sie ließen ihn einfach stehen.

Wowa lief zu den Mädchen. Die drehten ihm den Rücken zu, auch die gutmütige Natascha. Wowa versuchte Puschok zu sich herzulocken, aber der Hund lief auf die Straße. Als er mit Mursej spielen wollte, sprang der Kater auf den Schrank und sah mit grünen Augen auf Wowa herunter. Er fauchte ihn sogar an. Wowa suchte den Igel, aber der hatte sich aus dem Haus verzogen.

Niemand wollte etwas von Wowa wissen.

Da merkte er, dass es etwas sehr Schlimmes gibt: allein zu sein und niemanden zum Freund zu haben.

Herbergssuche

Christine Nöstlinger

Am 16. Dezember, kurz vor den Weihnachtsferien, führte die 4 A für die Eltern ein Singspiel auf. „Herbergssuche" hieß es. Der Michi war der Wirt, der die Herbergstür versperrt hatte.
„Wer klopfet an ...", sang er.
Die Kathi und der Peter waren Josef und Maria, die an die Tür pochten.
„Wir sind zwei arme Leut ...", sangen sie.
„Was wollt ihr hier ...", sang der Michi.
„Wir wollen Herberg heut ...", sangen die Kathi und der Peter.
„Nein, nein, nein, das kann nicht sein ...", sang der Michi.
Die anderen Kinder der 4 A waren der Chor. Die sangen auch „Nein, nein, nein, das kann nicht sein ...".
Die Eltern waren schrecklich gerührt. Ein paar Mamas weinten. Sogar ein Papa hatte Tränen in den Augen.
Zwei der Mamas, die vor lauter Mitleid mit Josef und Maria geweint hatten, kritzelten gleich, als sie vom Singspiel heimgingen, ihren Namen auf eine Unterschriftenliste, die ihnen ein junger Mann hinhielt. Über den Spalten für Namen und Adresse stand mit großen Buchstaben:

DAS BOOT IST VOLL! ASYLANTEN RAUS!

Hau ab, du stinkst

Horst Bruno Bull

Nichts ahnend hatte sich Dirk am Nachmittag auf den Weg zum Kinderzentrum gemacht, wo er – wie immer – mit seinen deutschen und ausländischen Freunden spielen wollte.

Aber heute war alles ganz anders als sonst: Kaum hatte er das Haus betreten, schrie ihm sein Freund Nuri über den Gang hinweg zu: „Alle Inländer raus!" Dirk verstand nicht, was Nuri meinte, und stutzte einen Moment. Da rief Nuri noch mal: „Deutsche raus!" und knallte die Tür hinter sich zu.

Verstört ging Dirk ihm nach in den Gruppenraum. Aber da waren heute nur ausländische Kinder und alle schauten ihn so böse und abweisend an. Was war bloß los?

„Schweinefleischesser", sagte die kleine schwarzhaarige Suleika, und Guiseppe aus Sizilien, sonst ein guter Spielkamerad, schrie: „Du dicker Bierbauchdeutscher!"

„Seid ihr übergeschnappt?", rief Dirk, schon sehr verunsichert.

Aber Osman antwortete nur: „Lern du erst mal richtig türkisch sprechen, du Krautfresser – nicht mal türkisch kannst du."

Und ehe Dirk noch etwas sagen konnte, öffnete Erol, der Älteste in der Gruppe, das Fenster, tat, als müsse er sich frische Luft zufächeln und sagte im Brustton der Überzeugung: „Hau ab, du stinkst!"

In diesem Augenblick betrat Frau Schneider, die Heimleiterin, den Saal. Sie schaute Dirk freundlich an, aber
der stand da wie ein begossener Pudel.
„Was ist denn heute bloß los?", fragte er.
Frau Schneider lächelte. „Alles in Ordnung, Dirk", be-
ruhigte sie ihn. „Wir haben eben nur ein Rollenspiel gemacht, das heißt, deine ausländischen Freunde haben
einmal zeigen wollen, wie unwohl sie sich fühlen, wenn
sie von den Deutschen als Außenseiter behandelt werden. Genauso unwohl, wie du dich umgekehrt eben gefühlt hast. So wie jetzt dir, ist es Nuri, Guiseppe und all
den anderen aber schon oft ergangen. Weil sie eben anders ausschauen und eine andere Sprache sprechen
und deswegen von den Leuten oft gehänselt oder sogar
beschimpft werden. Ja, und heute haben wir den Spieß
einfach mal umgedreht, denn wenn man Kränkungen am
eigenen Leib erfährt, spürt man am besten, wie weh sie
tun. Du, Dirk, bist halt zufällig das erste deutsche Kind
gewesen, das heute ins Kinderzentrum gekommen ist.
Deswegen bist du unser erstes Opfer geworden."
Dirk staunt. Das Spiel mit den vertauschten Rollen ist
tatsächlich sehr wirkungsvoll gewesen. „So was müssten wir mit vielen Leuten machen", findet er, „mit allen,
die sich den Ausländern gegenüber so blöd verhalten."
Was meinst du dazu?

Bei uns in der Straße ...

Evelyn B. Hardey

Bei uns in der Straße wohnen Kinder, die reden so komisch. Wir reden nicht mit denen. Die reden ja auch nicht mit uns. Meine Mutter sagt, die Kinder stinken. Die stinken nach Knoblauch. Ich weiß nur, wie Kohl stinkt. Und wie es stinkt, wenn Zwiebeln braten. Besonders, wenn die Zwiebeln verbrannt sind. Bei meinem Bruder gehen zwei Jungs in die Klasse. Die reden ein bisschen Deutsch. Er sagt, sie stinken überhaupt nicht. Mein Bruder wollte mal einen nach Hause bringen. Mutter sagte: „Um Gottes willen!" Da hat mein Bruder gesagt: „Mensch, er will bloß mal Fernsehen gucken, die haben kein Fernsehen." Aber Mutter wollte nicht.

Ausländer

Siv Widerberg

Mein Papa ist Ausländer.
Und meine Mama ist Ausländerin.
Klaus und ich, wir sind auch Ausländer,
eben jetzt, obwohl wir Deutsche sind.

Denn eben jetzt sind wir in Dänemark.

Ha ha!

Daran hast du nicht gedacht, was?
Dass Deutsche auch Ausländer sind –
im Ausland.

60

Warum muss Cefir weinen?

Manfred Mai

Cefir läuft mit seinem Vater durch die Straßen. An einer Hauswand steht groß:
›Deutschland den Deutschen‹ und ›Keine Asylanten‹.
Cefir schaut zu seinem Vater auf; dessen Blick geht stur geradeaus.
Wenig später kommen sie an einem Bauzaun vorbei und Cefir liest:
›Ausländer raus!‹ und ›Tod den Kanaken!‹

Cefir schiebt seine Hand in die warme Hand seines Vaters. Er hat Mühe, den langen Schritten zu folgen. Doch plötzlich werden diese Schritte kürzer und langsamer.
Cefir schaut wieder hoch. Sein Vater blickt jetzt nicht mehr geradeaus, sondern unruhig umher, so als suche er etwas. Dabei hält die große, starke Vaterhand Cefirs kleine Hand fest, so fest, dass es ein wenig schmerzt.

Aber Cefir sagt nichts. Er schaut wieder nach vorne und sieht ein paar schwarz gekleidete, junge Männer mit kurz geschorenen Haaren und Bierdosen in der Hand. Jetzt weiß Cefir, warum sein Vater so unruhig ist.

Ohne ein Wort zu sagen, wechselt der Vater mit Cefir die Straßenseite. Ein paar Autofahrer hupen und schimpfen. Der Vater zieht Cefir hinter sich her. Als sie auf der anderen Seite sind, schaut der Vater kurz zurück. Die schwarz gekleideten Männer stehen noch drüben. Trotzdem geht er zügig weiter. Cefir kann kaum folgen. Und er zittert. Am liebsten möchte er sich hinsetzen, aber die Hand des Vaters zieht ihn weiter.

Und auf einmal rollen Tränen über Cefirs Gesicht. Bisher hatte er nie gedacht, dass sein großer, starker Vater Angst haben könnte. Aber eben hat er sie gespürt, diese Angst. Sein Vater hat Angst, das macht Cefir Angst.

Ausländer raus!!!

Helmut Wöllenstein (gekürzt)

Etwa zehn Tage vor Weihnachten, spätabends, kamen über den Marktplatz der kleinen Stadt ein paar Männer gezogen. An der Kirche blieben sie stehen und sprühten auf die Mauer ›AUSLÄNDER RAUS‹ und ›DEUTSCHLAND DEN DEUTSCHEN‹. Steine flogen in das Fenster des türkischen Ladens gegenüber, dann zogen sie ab.

Da kam plötzlich Leben in die kleine Stadt. Die Türen der Geschäfte gingen auf. Zuerst kamen die Kakaopäckchen, die Schokoladen und Pralinen in ihren Weihnachtsverpackungen. Sie wollten nach Ghana und Westafrika, denn da waren sie zu Hause. Dann der Kaffee, palettenweise. Uganda, Kenia, Kolumbien war das Ziel, von dort kam er. Ananas, Orangen und Bananen räumten die Kisten.
Fast alle Weihnachtsleckereien brachen auf, Pfeffernüsse, Spekulatius, Zimtsterne: Die Gewürze in ihrem Inneren zog es nach Indien, denn dort kamen sie her. Die Weihnachtsgänse flogen zurück nach Polen, die Schnittblumen nach Südamerika.

Am Morgen brach der Verkehr zusammen. Lange Schlangen japanischer Autos, voll gestopft mit teuren

Fotoapparaten, Fernsehern und anderen technischen Geräten, wollten in ihre Heimat.

Die Autos aus dem eigenen Land begannen sich aufzulösen. Ihre Einzelteile wanderten aus: Aluminium nach Jamaika, das Kupfer nach Somalia, eine Menge Eisenteile nach Brasilien.

Auch zu Fuß war kein Vorwärtskommen. Überall drohte man auszurutschen, denn Öl und Benzin floss von allen Seiten zusammen, aus Rinnsalen wurden Bäche und Flüsse, ein breiter Strom in Richtung Naher Osten. Die Zapfsäulen an den Tankstellen waren leer. Die Heizungen blieben kalt.

Nach drei Tagen war der Spuk vorbei. Nichts Ausländisches war mehr im Land. Tannenbäume gab es noch, Äpfel auch und Nüsse. Und ›Stille Nacht‹ durfte gesungen werden, mit einer Sondergenehmigung, denn das Lied kommt aus Österreich.

Nur eines wollte nicht ins Bild passen: Maria, Josef und das Kind waren geblieben. Drei Juden! Ausgerechnet.

„Wir bleiben", sagte Maria. „Wenn wir auch noch gehen, wer will den Menschen dann den Weg zeigen – zurück zur Vernunft, zur Menschlichkeit, zu einem fröhlichen Miteinander?"

Solche und solche

Christine Nöstlinger

Einer hat eine Brandbombe durch ein Fenster in ein Asylantenheim geworfen. Hinter dem Fenster haben zwei kleine Mädchen geschlafen. Die zwei kleinen Mädchen liegen nun mit schrecklichen Brandwunden im Krankenhaus.

Wenn man nun den, der die Brandbombe geworfen hat, ins Krankenhaus führen würde, zu den zwei kleinen verbrannten Mädchen, was würde der denken, wenn er sich die zwei kleinen verbrannten Mädchen genau anschauen müsste?

Würde er denken: Das habe ich nicht gewollt!
Oder würde er denken: Gute Arbeit geleistet!
Das kann keiner wissen.

Es gibt solche und solche Bombenwerfer.

Mehmet

Max Bolliger

Er heißt Mehmet. Aber nur seine Eltern und die Lehrerin nennen ihn bei seinem richtigen Namen. Die Kinder rufen ihn einfach Meh. Er hat sich daran gewöhnt. Meh wohnt in einem Block an der breiten Ausfahrtstraße. Der gehört der Maschinenfabrik, in der Mehs Vater arbeitet. In diesem Block ist Meh geboren. Hier fühlt er sich zu Hause.

Meh geht in die erste Klasse. Auf seinem Schulweg kommt er durch eine Unterführung. Das Schulhaus liegt auf der andern Seite der Straße.

Meh geht gern zur Schule. Meh lacht oft und die andern Kinder mögen ihn.

Meh hat Rechnen und Schreiben gelernt. Am liebsten liest er. Die Lehrerin lobt ihn. Die Welt ist voller Worte. Meh entdeckt jeden Tag neue. Auch die Betonwände der Unterführung sind voll geschrieben.
„Türken raus!", buchstabiert er.

Mehmet ist ein Türkenkind.

Eine unheimlich heimliche Liebe

Gudrun Mebs

Biene liebt Udo. Immer schon. Unheimlich und heimlich. Weil der so schöne blonde Haare hat und Sommersprossen bis hin zum Kinn. Die liebt Biene besonders. Gummibärchen bringt sie ihm mit in die Schule, erspart vom Taschengeld. Braune, passend zu den Sommersprossen.
Udo nimmt die Gummibärchen und isst sie alle auf. Biene lauert ihm auch auf, vor der Schule. Dann tut sie so, als wäre sie zufällig grad eben angekommen, und zusammen gehen sie hinein. Und Biene darf den Schulranzen von Udo tragen.
Aber liebt der Udo auch die Biene? Keine Spur! Udo liebt Dorle, immer schon, unheimlich und heimlich. Dorle hat so schöne blonde Haare und überhaupt keine Sommersprossen und im Turnen ist sie die Beste. Wenn Dorle an den Ringen schwingt, kriegt Udo kalte Hände. Dass seine Dorle ja nicht runterfällt!
Nach der Schule wartet er auf sie und fragt sie jedes Mal: „Na, gehen wir ein Stück zusammen?"
Und was sagt Dorle jedes Mal? „Neeee!"

Denn, liebt das Dorle auch den Udo? Aber nein! Dorle liebt den Robert, heimlich und unheimlich. Er ist der stärkste Junge aus der Klasse und wenn er lacht, dann hat er Grübchen. Die könnte Dorle ewig sehen. Sie denkt sich viele Witze aus, damit Robert lacht, wegen der Grübchen. Der lacht nur selten und sagt oft: „Der Witz war aber blöd, verschone mich."
Weil, liebt denn der Robert das Dorle? Überhaupt nicht! Robert liebt die Biene. Heimlich und unheimlich. Weil die so riesengroße Augen hat, schwarz wie Brombeeren, nur viel größer. Wenn die damit den Udo anschaut, fallen sie ihr beinahe aus dem Kopf. Da möchte Robert am liebsten den Udo verhauen oder treten oder wegzaubern.
Ja, so ist das leider oft im Leben!
Eine Biene muss weinen, weil ein Udo eine Dorle liebt.
Ein Udo muss seufzen, weil eine Dorle einen Robert liebt.
Eine Dorle muss schluchzen, weil ein Robert eine Biene liebt. Ein Robert muss mit den Zähnen knirschen, weil eine Biene einen Udo liebt.
Mistige Liebe, mistige! Oh, dieses Unglück!

Bille und Tomas

Christine Nöstlinger

Fünf Jahre lang war die Bille die Freundin von Tomas. Und da der Tomas zehn Jahre alt ist, war das sein halbes Leben lang. Dann zog der Konrad ins Nachbarhaus der Bille. Der war auch zehn Jahre alt und die Bille verliebte sich in ihn auf den ersten Blick!
„Tut mir Leid", sagte sie zum Tomas. „Aber unsere Liebe ist jetzt aus!"

Der Tomas war sehr traurig. Und die Traurigkeit hörte nicht auf. Und er nahm sich keine neue Freundin, obwohl er leicht zehn hätte haben können.
„Wie können wir dir denn bloß helfen?", fragten der Papa und die Mama.
„Wie können wir dir denn bloß helfen?", fragten auch die große Schwester und der kleine Bruder.
Aber der Tomas wusste keine Antwort darauf.

Dann, eines Tages, nach vielen Wochen, rief die Bille an.

Und sagte zum Tomas: „Die Liebe mit dem Konrad ist aus. Willst du wieder mein Freund sein?"

„Ich komme!", rief der Tomas und legte den Hörer wieder auf.

„Mit der Kuh würd ich kein Wort mehr reden!", sagte der kleine Bruder.

„Bist ja nicht ihr Hanswurst", sagte die große Schwester.

„Wo sie dir so viel Kummer gemacht hat", sagte die Mutter.

„Da hätt' ich meinen Stolz", sagte der Vater.

Der Tomas zog seine Jacke an und seine Schuhe.

„Dir ist nicht zu helfen!", riefen der Papa, die Mama, die große Schwester und der kleine Bruder.

„Jetzt braucht mir ja auch niemand mehr zu helfen!", rief der Tomas und lief aus der Wohnung. Und dachte: Die sind vielleicht komisch! Wollen, dass ich ewig traurig bleibe!

Wie die Manuela manchmal nicht meine beste Freundin ist

Tilde Michels

Die Manuela ist meine beste Freundin. Wir haben Freundschaftsringe getauscht. Ein Ring hat einen blauen Stein und einer einen roten. Den mit dem roten hat Manuela von mir bekommen.

Manchmal tut die Manuela aber so, als wäre sie nicht meine beste Freundin. Dann geht sie in der Pause mit der Gerda. Und wenn ich sie am Nachmittag besuche, ist die Gerda auch schon da. Ich will aber nicht, dass die Gerda immer dabeisitzt.

Die beiden tun, als ob ich überhaupt nicht da wäre; sie reden nur zueinander und nie zu mir.

Auf dem Schulhof machen sie es genauso: Sie erzählen sich was und lachen, und wenn ich dazukomme, blinzeln sie sich an und hören auf zu reden.

Daran ist nur das Theaterstück schuld. Da hat es angefangen. Wir proben mit unserer Klasse das Märchenspiel ›Der goldene Schwan‹. Das sollen wir beim Schulfest aufführen. Die Gerda hat die Hauptrolle bekommen; sie ist der Junge mit dem goldenen Schwan. Zum Schluss heiratet er die Prinzessin und das ist die Manuela. Ich spiele nur eine Wäscherin und darf nur einen einzigen Satz sagen. Ich wollte so gern den Jungen mit dem goldenen Schwan spielen. Die Rolle kann ich schon auswendig. Aber die Lehrerin sagte, die Gerda passt besser dafür.

Jetzt erzählt die Manuela überall herum, wie toll es die Gerda macht und dass die bestimmt mal eine echte Schauspielerin wird. Am liebsten wollte ich, dass die Gerda ihre Rolle nicht kann und stecken bleibt. Ich habe einmal eine Geschichte gelesen, da brauchte ein Mann nur zu sagen „Zungenleim", da klebte dem andern die Zunge an und er konnte nicht mehr reden.

In der letzten Probe hab ich das bei der Gerda ausprobiert. Wenn sie auf der Bühne reden musste, habe ich leise „Zungenleim, Zungenleim" gesagt. Aber es hat nichts genützt. Sie ist nicht stecken geblieben und die Manuela hat wieder ganz begeistert mit ihr getan.

Jeden Tag schau ich, ob die Manuela noch meinen Freundschaftsring am Finger hat. Wenn sie den bloß nicht der Gerda schenkt!

Ich könnte mir ja eine andere Freundin nehmen. Die Suse ist auch sehr nett. Aber das ist nicht dasselbe.

Die Manuela soll meine beste Freundin sein und ich will ihre beste Freundin sein.

Freundschaften

Karin Schupp

Warum Lena meine beste Freundin ist

Weil sie lustig ist und mich zum Lachen bringt.
Weil sie, als sie aus dem Urlaub zurückkam, als allererstes bei mir geklingelt hat.
Weil sie mich neulich beim Diktat hat abschauen lassen.
Weil sie sich was zu sagen traut – auch zu Erwachsenen.
Weil sie mein Freundschaftsbändchen trägt und mir auch ein Freundschaftsbändchen gemacht hat.
Weil sie letzte Woche zu mir gehalten hat, als Nina und Christine mich geärgert haben.
Weil wir einen geheimen Detektivclub gegründet haben, zu dem nur wir beide gehören.
Weil wir uns geschworen haben, dass wir immer Freundinnen sein werden.

Warum Daniel mein bester Freund ist

Weil er schon im Kindergarten mein bester Freund war.
Weil er nie Streit mit mir anfängt wie mein Bruder.
Weil er ziemlich schlau ist und mir alles zeigt, was er kann.
Weil er zwei weiße Mäuse hat und ich damit spielen darf.
Weil er mich nie verpetzen würde – und ich ihn auch nicht.
Weil er mir das Sammelbild geschenkt hat, das mir noch fehlte.
Weil er nicht weitererzählt hat, dass ich geheult habe, als wir beim Schulausflug unsere Klasse verloren haben.
Weil wir alles zusammen machen und ich mich auf ihn verlassen kann.

Stefan

Karin Gündisch

Stefan sitzt in der Bank neben Melanie. Alle andern Jungen sitzen neben Jungen. Nur Stefan sitzt neben einem Mädchen. Er sitzt gern neben Melanie.

Die Jungen hänseln Stefan und Melanie. Auch die Mädchen hänseln sie. Sie sagen: Stefan ist verliebt in Melanie! Oder: Melanie ist verliebt in Stefan.

Stefan wird rot und auch Melanie wird rot.

Sie getrauen sich gar nicht mehr miteinander zu sprechen. Am liebsten möchte Stefan nicht mehr neben Melanie sitzen, obwohl er sie mag. Von wo wissen die, dass ich in Melanie verliebt bin, denkt Stefan. Er selbst weiß nicht, ob er verliebt ist. Er weiß überhaupt nicht, wie Verliebtsein ist.

Er fragt seine Mutter: „Wie ist das, wenn man verliebt ist?"

„Es kribbelt im Bauch und rumort in der Herzgegend herum", sagt sie.

„Mich sticht es in die Seite", sagt Stefan.

„Das kommt nicht von der Liebe, das kommt vom Fußball spielen", sagt die Mutter.

Diese Blödmänner, denkt Stefan, ich bin doch gar nicht verliebt in Melanie! Ich mag sie! Und fertig!

Die Wut

Irmela Wendt

Stefan kriegt mit allen Krach, mit Olaf hat er schon und auch mit Jürgen (der kriegt sonst mit keinem Krach), mit Axel, mit Jochen, mit Markus und mit den Jungen aus den andern Klassen auch. Eines Mittags, in der Förderstunde, es sind nur sechs Kinder da, setzt Stefan sich in die äußerste Ecke und guckt vor sich hin.

„Komm zu uns an den Tisch", sagt Frau Anders, aber das tut er nicht. Frau Anders lässt ihm etwas Zeit, dann geht sie zu ihm, und da sagt er: „Ich mache so oder so einen Mord."

Frau Anders lässt die anderen fünf allein, sie nimmt Stefan mit sich ins Büro nebenan.

„Sag das noch mal, was du eben gesagt hast!"

Und er sagt es noch mal.

„Auf wen hast du Wut?", fragt Frau Anders, „auf mich?"

„Auf meinen Bruder", sagt Stefan, „den Theo, den haben sie von der Schule geschmissen, der lernt jetzt Maurer, und wenn er Feierabend hat, macht er mir alle Häuser kaputt, die ich gebastelt habe."

„Was sagt denn dein Vater dazu?" – „Der mischt sich nicht ein." – „Und deine Mutter?" – „Die hat keine Zeit."

„Und dein anderer Bruder?" – „Der spricht nicht mit mir." – „Und Maike, deine Schwester?" – „Mit der spreche ich nicht."

Die Wanderbackpfeife

Stefan Reisner

Es war einmal ein Junge, der hieß Emil. Der ärgerte sich, dass er seinen Pullover falsch herum angezogen hatte. Er stampfte mit dem Fuß auf, und als seine Schwester Tine ins Zimmer kam und lachte, knallte Emil ihr eine.

Tine rannte hinaus und ärgerte sich, und als der Vater darüber lachte, knallte sie ihm auch eine. Der Vater war ganz erschrocken, und als gerade der Briefträger an der Tür klingelte, öffnete er und haute ihm eine runter.

Der Briefträger ließ seine Tasche fallen und lief auf die Straße und stieß dem Straßenfeger ans Schienbein, und der Straßenfeger humpelte weg und kratzte die Zeitungsfrau, und die ärgerte sich und kniff den Lastwagenfahrer, der gerade die Zeitungen brachte. Der stieg wütend in seinen Lastwagen und an der Kreuzung riss er dem Verkehrspolizisten die Mütze vom Kopf. Der Verkehrspolizist schimpfte, hielt ein Auto an und riss einem Autofahrer einen Mantelknopf ab. Und der Autofahrer war empört und fuhr an die Tankstelle und spritzte den Tankwart nass.

Der Tankwart jammerte und rannte los und ging zu seiner Frau und wollte ihr gerade eine knallen, da sagte die

Frau: „Reg dich bloß nicht so auf", und dann streichelte sie ihn und gab ihm einen Kuss.

Da ging der Tankwärter hinaus zu dem Autofahrer und gab ihm einen Kuss. Der Autofahrer wunderte sich, er fuhr zu der Kreuzung, schüttelte dem Verkehrspolizisten die Hand und küsste ihn auf die Stirn. Der Verkehrspolizist ging zu dem Lastwagenfahrer, streichelte ihn und küsste ihn auf die Hand. Der Lastwagenfahrer schmunzelte, er fuhr zu der Zeitungsfrau und rief den Straßenfeger, streichelte seine Mütze und küsste seinen Schnurrbart. Und der Straßenfeger wunderte sich und hob dem Briefträger die Briefe auf und umarmte ihn. Und der Briefträger klingelte, und als der Vater öffnete, bekam er einen Kuss vom Briefträger und einen Brief dazu. Und der Vater ging rein und nahm die Tine auf den Schoß und kämmte ihre Haare und gab ihr einen Kuss. Und Tine lief zu Emil ins Zimmer und sagte: „Soll ich dir helfen, den Pullover anzuziehen?"

„Nein danke, das habe ich schon allein getan", sagte Emil und wunderte sich, als Tine ihm einen Kuss gab. „Das ist eine verrückte Welt", sagte Emil. Und damit hatte er sogar Recht.

Herr Böse und Herr Streit

Heinrich Hannover

Es war einmal ein großer Apfelbaum. Der stand genau auf der Grenze zwischen zwei Gärten. Und der eine Garten gehörte Herrn Böse und der andere Herrn Streit.

Als im Oktober die Äpfel reif wurden, holte Herr Böse mitten in der Nacht seine Leiter aus dem Keller und stieg heimlich und leise-leise auf den Baum und pflückte alle Äpfel ab. Als Herr Streit am nächsten Tag ernten wollte, war kein einziger Apfel mehr am Baum.

„Warte!", sagte Herr Streit. „Dir werd' ich's heimzahlen."

Und im nächsten Jahr pflückte Herr Streit die Äpfel schon im September ab, obwohl sie noch gar nicht reif waren.

„Warte!", sagte Herr Böse. „Dir werd' ich's heimzahlen."

Und im nächsten Jahr pflückte Herr Böse die Äpfel schon im August, obwohl sie noch ganz grün und hart waren.

„Warte!", sagte Herr Streit. „Dir werd' ich's heimzahlen."

Und im nächsten Jahr pflückte Herr Streit die Äpfel

schon im Juli, obwohl sie noch ganz grün und hart und soo klein waren.

„Warte!", sagte Herr Böse. „Dir werd' ich's heimzahlen."

Und im nächsten Jahr pflückte Herr Böse die Äpfel schon im Juni, obwohl sie noch so klein wie Rosinen waren.

„Warte!", sagte Herr Streit. „Dir werd' ich's heimzahlen."

Und im nächsten Jahr schlug Herr Streit im Mai alle Blüten ab, sodass der Baum überhaupt keine Früchte mehr trug.

„Warte!", sagte Herr Böse. „Dir werd' ich's heimzahlen."

Und im nächsten Jahr im April schlug Herr Böse den Baum mit einer Axt um.

„So", sagte Herr Böse, „jetzt hat Herr Streit seine Strafe."

Von da ab trafen sie sich häufiger im Laden beim Äpfelkaufen.

Uli und ich

Irmela Wendt

Quer durch meine Schrift ging ein Strich und deswegen bekam ich keine Zwei. Zu Hause haben sie gesagt, ich brauche es mir nicht gefallen zu lassen.

„Ich will nicht mehr neben Uli sitzen", habe ich zu meiner Lehrerin gesagt.

„Wo willst du denn sitzen, Petra?", hat sie gefragt.

„Neben Peter", habe ich gesagt.

Ich habe meine Sachen vom Tisch genommen und bin einfach gegangen und habe kein Wort zu Uli gesagt. Und Uli hat auch nichts gesagt. Er ist dagestanden und hat geguckt und hat ganz nasse Augen gehabt.

Dann hat Rolf sich zu Uli gesetzt, und ich habe gedacht, wie lange das wohl gut geht.

Gleich am nächsten Tag hat Rolf gepetzt, dass Uli mit dem Stuhl wackelt, dass Uli an den Füller stößt, dass Uli den Radiergummi nimmt, dass Uli abguckt. Um jede Kleinigkeit hat Rolf aufgezeigt und es hat mich ganz nervös gemacht.

Jörg ist wieder da; er war lange krank. Er hat sonst neben Peter gesessen und es ist selbstverständlich, dass er seinen Platz wieder nimmt. In unserer Klasse sind vierzig Plätze, acht Plätze bleiben immer frei, weil wir nur zweiunddreißig sind. Ich gucke mich um. Ich sehe, der

Platz neben Uli ist auch frei; Rolf fehlt. Ich weiß selbst nicht, weshalb ich mich wieder auf meinen alten Platz setze.

Ich will meine Sachen auspacken, da sagt Uli: „Ich finde, man kann nicht einfach wiederkommen, wenn man einmal weggegangen ist."

Ich habe nicht erwartet, dass Uli so was sagt. Ich weiß nicht, was ich tun soll. Ich denke daran, dass er geweint hat, als ich weggegangen bin.

Da fragt meine Lehrerin: „Was sagst denn du dazu, Petra?"

Ich bringe kein Wort heraus. Da fragt sie noch mal. Ich sage: „Uli hat Recht."

„Ja, und?", fragt die Lehrerin.

„Heute bleibe ich hier sitzen. Morgen kann ich mich ja woanders hinsetzen", sage ich.

Keiner hat weiter ein Wort dazu gesagt. Auch nicht am nächsten Tag. Und nicht die andern Tage. Ich weiß nicht, wie lange ich schon wieder neben Uli sitze. Manchmal stößt er mich an und verschrieben habe ich mich seinetwegen auch. Aber man kann sich auch was gefallen lassen, finde ich. Und so unruhig wie früher ist er gar nicht mehr.

Rita ärgert sich

Rolf Krenzer

Als Rita heute auf den Schulhof kommt, schauen sich alle Mädchen nach ihr um. Sie laufen gleich zu ihr. Elfie sagt: „Du hast aber ein schönes Kleid an." Und Dagmar will wissen: „Ist das Kleid neu?"
Rita ist sehr stolz. Sie sagt: „Meine Tante hat es mir gestern geschenkt. Ich muss gut aufpassen, dass es nicht schmutzig wird!" Rita geht ganz vorsichtig über den Schulhof. Sie macht einen großen Bogen um jede Pfütze. Sie ist so stolz auf ihr neues Kleid.
Da kommt Walter angelaufen. Er rennt hinter Wolfgang her. Er schreit: „Warte nur, wenn ich dich fange!" Er schaut nicht, wohin er läuft. Und schon passiert es! Walter rennt die kleine Rita um. Sie fallen beide. Walter ist zuerst wieder auf den Beinen. Er hat Glück gehabt. Nur seine Hände sind schmutzig. Aber wie sieht Rita aus! Sie sitzt auf dem Boden und schaut auf ihr neues Kleid hinunter. Ein großer, brauner Schmutzfleck ist da zu sehen.
Walter läuft schon wieder weiter. Er schreit: „Dumme Gans! Warum musstest du dich auch mir in den Weg stellen!"
Jetzt weint Rita. Sie weint laut. Sie weint so durchdringend, dass alle es hören müssen. Ihr tut es so Leid, dass

ihr neues Kleid schmutzig geworden ist. Die anderen Mädchen stehen um Rita herum. Rita jammert: „Das sage ich unserer Lehrerin!"
Alle Mädchen nicken. Sie haben großes Mitleid mit Rita. Sie gönnen es dem wilden Walter, dass Rita ihn verpetzen will. Und Dagmar schreit hinter Walter her: „Das sagt Rita bestimmt unserer Lehrerin! Warte nur, Walter!"
„Dumme Gänse!", ruft Walter böse und läuft weiter hinter Wolfgang her.
Aber dann in der Schule hat Walter doch große Angst. Hoffentlich sagt Rita nichts von ihrem Kleid! Er schaut immer wieder hinüber zu Rita. Sie sitzt in ihrer Bank und sieht ihn gar nicht an. Walter möchte ihr doch so gern sagen, wie Leid ihm alles tut. Er wollte Rita doch nicht umwerfen. Er schämt sich sehr. Aber er ist doch ein Junge. Da kann er sich nicht einfach bei einem Mädchen entschuldigen.
Den ganzen Morgen über wartet Walter darauf, dass Rita der Lehrerin von dem Kleid erzählt. Als endlich der Unterricht zu Ende ist, läuft Walter erleichtert nach Hause: Sie hat ihn nicht verpetzt!
Am nächsten Morgen kommt Rita in die Klasse und wundert sich: Auf ihrem Tisch liegt ein dicker, roter Apfel.

Trotzdem

Rainer Hohmann

Auch
wenn das Nachbarskind
nicht mehr
mit dir spielen darf,
weil die Nachbarn
und deine Eltern
sich nicht mehr vertragen:
Geh trotzdem zum Nachbarskind
und schenk ihm
deine bunteste Glaskugel.
Vielleicht werdet ihr einmal bessere
Nachbarn!

Wenn Tilo nervt

Rosemarie Künzler-Behncke

Es war am 1. September, einen Tag vor meinem Geburtstag. Ich wollte meine Lieblingskassette hören: ›Der
Herr der Ringe‹. Tilo baute einen Turm aus Klötzen. Immer baut er Türme. Hoch und wacklig. Wenn sie umkippen, fängt Tilo wieder von vorne an. Kleine Brüder sind
echt nervig! Besonders, wenn man zu zweit nur ein Zimmer hat.
An diesem Nachmittag war ich stinksauer, weil ich vor
lauter Krach meine Kassette nicht hören konnte. Ich
brüllte Tilo an. Er heulte und lief zu meiner Mutter. Die
schickte ihn zurück, weil sie mit der Geburtstagstorte
beschäftigt war. Da fing alles wieder von vorne an. Turm-
bau und Umkippen. Schreien und Heulen. Ach, ich
wünschte Tilo in die Wüste oder ins Krankenhaus! Es
wäre einmalig, mal eine Woche ohne Tilo zu sein, dachte ich.
Tilo wurde immer quengeliger. Dann fing er an mit seinem blöden Bauchweh. Damit macht er sich immer wichtig. Aber diesmal wurde es schlimmer. Am Abend kam er
ins Krankenhaus. Blinddarmentzündung. Naja, jetzt hatte ich meine Ruhe. Aber es war schrecklich!

Geri und Astrid streiten

Karin Gündisch

Manchmal streiten Astrid und Geri. Sie streiten so lange, bis Geri die Geduld verliert und Astrid haut. Geri ist kleiner als Astrid, aber er ist stärker als sie, und wenn er Astrid eine wischt, dann hat sie nichts zu lachen.

Wenn du deine Schwester noch einmal haust, sagt die Mutter, dann packe ich dir deine Siebensachen und du kannst in die weite Welt ziehen.

Geri will nicht in die weite Welt ziehen, aber er haut Astrid beim nächsten Streit trotzdem wieder. Astrid läuft weinend zur Mutter.

Die Mutter sagt nichts. Sie holt Geris kleinen Rucksack und beginnt Geris Sachen hineinzutun. Geri sieht erschrocken zu.

Hier hast du deine Sachen, sagt die Mutter und tut Geri den Rucksack auf den Rücken. Geri geht zur Tür hinaus und Mutter schließt die Tür. Nun ist auch Astrid sehr erschrocken. Sie öffnet die Tür und sieht Geri auf der Türschwelle sitzen. Er weint bitterlich. Astrid setzt sich neben ihn und weint auch.

Mutter öffnet die Tür.

Hört auf und kommt herein, sagt sie.

Dann packt sie Geris Rucksack aus und keiner verliert mehr ein Wort über das In-die-weite-Welt-Ziehen.

Jan auf dem Garagendach

Renate Schupp

Lisa spielt mit ihren Freundinnen. Sie haben sich aus Decken und Stühlen eine Wohnung gebaut. Da kommt Jan herein. Er zieht an den Decken. Er kippt einen Stuhl um. Er nimmt Lisas Puppe weg.

„Gib meine Puppe her!", schreit Lisa.

„Erst wenn ich mitspielen darf!", sagt Jan.

„Pff!", macht Lisa. „So einen Streitmacher wollen wir nicht." Da schmeißt Jan Lisas Puppe auf den Boden und rennt hinaus.

Später geht Lisa mit ihren Freundinnen in den Hof und wartet auf Papa. Jan klettert aufs Garagendach. Er will auch auf Papa warten. Da kommt er schon angefahren. Er rollt in die Garage und steigt aus.

„Hallo!", sagt er und winkt den Mädchen zu. Da sieht er Jan auf dem Garagendach.

„He du!", ruft er hinauf. „Komm herunter!" Er breitet die Arme aus und Jan springt mitten hinein. Papa sieht ihn an. „Was machst du denn für ein Gesicht?"

„Ich hab so viel Streit gemacht", flüstert Jan in Papas Ohr und schämt sich. Papa drückt ihn fest an sich und trägt ihn ins Haus.

Lisa aber tritt gegen das Garagentor, dass es scheppert.

„Den trägst du!", schreit sie hinter Papa her. „Ich will auch getragen werden!"

Peng!

Renate Schupp

Zu Fasching hat Max sich einen Zündplättchen-Revolver gekauft. Er sieht richtig echt aus, wie die Revolver im Fernsehen. Max läuft breitbeinig wie ein Cowboy und wiegt sich in den Hüften. Jetzt soll ihm bloß keiner dumm kommen!

Auf der Mauer sitzt die Katze. Max legt auf sie an und schießt. Peng! Erschrocken springt die Katze auf und rennt davon.

Max zielt auf einen Spatz. Peng!

Und auf eine Taube. Peng!

Da kommt Laura. Max zieht den Revolver. Peng! Peng! Laura wirft die Arme hoch und fällt rückwärts in den Schnee. Max guckt verdutzt.

„Ich weiß, dass du nur Quatsch machst!", sagt er, als Laura sich nicht rührt. Er geht zu ihr hin.

Da springt sie auf und schreit ihn an: „Mörder! Du hast auf mich geschossen!"

„Ich hab doch nur Spaß gemacht", sagt Max erschrocken.

„Spaß?", ruft Laura empört. „Man schießt nicht auf was Lebendiges, auch nicht im Spaß!"

Die Vogelschleuder

Albert Schweitzer

In meinem siebenten oder achten Lebensjahre hatte ich ein besonderes Erlebnis. Mein Freund Heinrich und ich hatten uns Steinschleudern aus Gummischnüren gemacht. Es war im Frühjahr, in der Passionszeit. An einem Sonntag sagte er zu mir: „Komm, jetzt gehn wir in den Rebberg und schießen Vögel!"

Dieser Vorschlag war mir schrecklich, aber ich wagte nicht zu widersprechen aus Angst, er könnte mich auslachen. So kamen wir in die Nähe eines noch kahlen Baumes, auf dem die Vögel, ohne sich zu fürchten, lieblich in den Morgen hinaussangen. Mein Begleiter duckte sich wie ein Indianer, legte einen Kiesel in das Leder seiner Schleuder und spannte sie. Ich tat unter furchtbaren Gewissensbissen dasselbe, doch gelobte ich mir fest daneben zu schießen.

Im gleichen Augenblick fingen die Kirchenglocken an, in den Sonnenschein und in den Gesang der Vögel hineinzuläuten. Für mich war es eine Stimme aus dem Himmel. Ich warf die Schleuder weg, scheuchte die Vögel auf, dass sie wegflogen und vor der Schleuder meines Begleiters sicher waren, und floh nach Hause.

Und immer wieder, wenn die Glocken der Passionszeit in Sonnenschein und kahle Bäume hinausklingen, denke ich dankbar daran, wie sie mir damals das Gebot ›Du sollst nicht töten!‹ ins Herz geläutet haben.

Warum es keinen Krieg geben kann

Chinesisches Märchen

Zwischen zwei Völkern drohte ein Krieg auszubrechen. Auf beiden Seiten der Grenze lagerten die Heere.

Auf beiden Seiten schickten die Feldherrn Kundschafter aus. Sie sollten herausfinden, wo man am leichtesten in das Nachbarsland einfallen könnte. Beide Kundschafter kehrten zurück und berichteten ihren Feldherrn:

„Es gibt nur eine einzige Stelle an der Grenze, wo wir in das andere Land einfallen können. Überall sonst sind hohe Gebirge und tiefe Flüsse. An dieser Stelle aber", so erzählten sie, „hat ein Bauer sein Feld. Er wohnt dort in einem kleinen Haus mit seiner Frau und seinem Kind. Sie haben sich lieb. Sie sind glücklich. Ja, es heißt, sie sind die glücklichsten Menschen der Welt. Wenn wir über das kleine Feld ins Feindesland einmarschieren, zerstören wir das Glück. Also", so sagten die Kundschafter, „kann es keinen Krieg geben."

Das sahen die Feldherrn dann auch wohl oder übel ein, und der Krieg fand nicht statt – wie jeder Mensch begreifen wird.

Unser Panzerkommandeur

Irmela Wendt

Unser Panzerkommandeur

sieht Kinder spielen
unser Panzerkommandeur
Herr Eli Geva

sieht Kinder spielen
soll schießen auf ihre Stadt
sagt NEIN und geht heim

sucht neue Arbeit
pflanzt im Land junge Bäume
die blühen schon bald

So stand es in den Zeitungen: Oberst Eli Geva, Kommandeur einer
Panzerbrigade, wurde aus der israelischen Armee verstoßen.
Er hatte sich geweigert, einen Platz in Beirut unter Beschuss zu nehmen,
auf dem er Kinder spielen sah.

Wie eine gelbe Blume

Eva Marder

Es war lange Frieden gewesen in jenem fernen Land. Zu lange wohl. Die Menschen nahmen ihn einfach hin wie Brot oder Kartoffeln. Und wer denkt schon über Brot und Kartoffeln nach?

Mit dem Krieg war es anders. Der trug Federn im Haar und ließ Fahnen flattern. Trommeln und Trompeten spielten. Ja, der Krieg war voll Ruhm und Glanz. Woher die Leute das wussten? Aus Geschichten natürlich. Was konnte man da alles lesen von tapferen Männern, die wegliefen aus dem grauen Einerlei des Alltags – mitten hinein ins Abenteuer. Auch die Großväter erzählten Geschichten von einem großen Krieg, von einer großen Zeit, in der das Leben ein Abenteuer war.

Frieden dagegen war nur ein Wort. Ein Wort wie Wohlstand. Ein Wort wie Schokolade und Erdbeertorte. Ein Wort wie Gleichgültigkeit. Doch er dauerte nicht ewig.

Aus dem Frieden wurde ein neuer Krieg. Er kam über Nacht und es war kein Ruhm und kein Glanz dabei. Denn ein Krieg, den man am eigenen Leib spürt, ist anders als einer, den die Erinnerung verklärt. Mit Hunger und Kälte hat er zu tun. Mit Panzern und Bomben. Mit Tränen um

Menschen, die man lieb hat. Männer kämpften gegeneinander, Bomben fielen auf Städte und Menschen. Verwundete schrien. Nur die Toten schwiegen.

Und eines Tages, da starb der Krieg und war vorbei. So plötzlich, wie er begonnen hatte. Wer noch lebte, kehrte zurück nach Haus und stand vor lauter Trümmern.

Da kam ein Bub aus seinem Kellerloch heraus. Der schaute in den Himmel, aus dem keine Bombe mehr fiel. Dann sah er die kleine gelbe Blume, die unbekümmert inmitten der Trümmer blühte.

„Es ist Frieden", sagte er. „Man muss dem Frieden helfen, dass er wächst." Und er legte beide Hände um den gelben Huflattich, als ob er ihn beschützen wollte.

Da kam auch ein Mädchen, das war dreckig und mager.

„Weißt du, wie der Frieden aussieht?", fragte sie.

„Wie eine kleine gelbe Blume", sagte der Bub.

Das Mädchen lächelte. „Für dich ist er eine Blume in lauter Trümmern", sagte sie. „Für mich ist er ein Ziegel, der unzerstört blieb. Wie der eine dort hinten, genauso."

Das war das erste Gespräch über den Frieden in jenem Land.

Friede vor dem Schaden

Johannes Pauli

Man zog in einen Krieg mit großen Kanonen und vielen Gewehren, wie es üblich ist.

Da stand ein Narr am Wege und fragte: „Was bedeutet das?"

„Wir ziehen in den Krieg."

„Was tut ihr im Krieg?"

„Wir verbrennen Dörfer und gewinnen Städte, wir verderben Wein und Korn und schlagen einander tot."

„Und warum tut ihr das?"

„Damit Frieden werde."

„Es wäre besser, ihr machtet vorher Frieden", sagte der Narr, „dann könntet ihr den Schaden vermeiden. Ich bin klüger als eure Herren: Wenn ich zu sagen hätte, wollte ich schon vor dem Schaden Frieden machen, und nicht erst, wenn der Schaden schon groß ist."

Scherben

Erich Brehm

Karl hat eine leere Flasche gefunden.
„Pass mal auf, wie es knallt, wenn ich sie auf die Straße werfe!", ruft er seinem Bruder Ernst zu.
„Karl, lass das!", sagt Ernst, aber schon fliegt die Flasche auf die Straße und zerspringt in lauter Scherben.
„Wenn jetzt ein Radfahrer kommt, schneiden die Scherben ihm die Reifen entzwei", sagt Ernst.
Man müsste die Scherben aufheben, denkt er. Aber große Lust hat er nicht dazu und schließlich beruhigt er sich damit, dass er die Flasche ja nicht geworfen hat.
Da kommt ein Radfahrer. Es sieht aus, als ob er gerade über die Scherben fährt. Aber er hat Glück. Seine Reifen bleiben heil. Bald haben Karl und Ernst die Scherben vergessen.

Abends sitzen sie mit der Mutter zusammen in der Küche. Die Mutter sieht auf die Uhr.
„Wo bleibt denn der Vater heute? Es ist schon sieben Uhr und er ist immer noch nicht da!"
Endlich schließt jemand die Tür auf. Der Vater kommt! Müde stellt er sein Rad in den Hausgang und sagt:
„Heute hatte ich Pech. Ich bin mit meinem Rad in Scherben hineingefahren. Da ist vorn der Schlauch geplatzt und ich musste mein Rad schieben."

Verboten

Michael Ende

Wenn ich sing aus voller Kehle,
hoch und tief und ohne Noten,
heißt es gleich: „Lass das Gegröle!"
Liedchen singen ist verboten.

Komm ich mal vom Spiel nach Haus,
dreckverklebt Gesicht und Pfoten,
heißt es gleich: „Wie siehst du aus!"
Schmutzigmachen ist verboten.

Sind wir auf das Dach geklettert,
spielen dort Weltraumpiloten,
„Runter da!", wird gleich gewettert.
Auf dem Dach sein ist verboten.

Spiel ich Fußball mal im Zimmer
auf dem Teppich, auf dem roten,
„Höre auf!" – so heißt es immer.
Zimmerfußball ist verboten.

Reparier' ich unsre Wecker,
weil sie stillzustehen drohten,

gibt's ein schreckliches Gemecker,
Uhr-zerlegen ist verboten.

Mach ich wo ein Feuerlein,
dass es qualmt wie aus zehn Schloten,
heißt's: „Du bist dafür zu klein!"
Feuermachen ist verboten.

Spiel ich in dem Badewasser
Sturmorkan mit meinen Booten,
heißt's: „Das Haus wird nass und nasser!"
Wasserplantschen ist verboten.

Findet man in meiner Tasche
einen Frosch mal, einen toten,
heißt es gleich: „Wirf das zur Asche!"
Tote Frösche sind verboten.

Ob man dies macht oder das macht –
alles falsch! Und überhaupt:
Was von allem, das mir Spaß macht,
ist denn eigentlich erlaubt?

Klassenordnung

Aufgestellt von einer Schulklasse,
mitgeteilt von Konrad Wünsche

1. Für Jungen und Mädchen gilt das Gleiche, was sie tun sollen und was nicht.
2. Jeder hilft seinem Nachbarn, wenn er etwas braucht oder etwas nicht kann.
3. Wenn wir diskutieren, soll jeder warten, bis er dran ist, und den anderen ausreden lassen.
4. Wenn die Klasse mit Mehrheit etwas beschlossen hat, muss es befolgt werden; aber wer anderer Meinung ist, muss vorher angehört werden.
5. Jeder soll sich so ruhig benehmen und so langsam gehen, dass es in der engen Klasse keinen Unfall gibt.
6. Schlagen und Beleidigen ist verboten.
7. Jeder soll an seinem Platz Ordnung halten und mithelfen, die Klasse gut aufzuräumen.
8. Alle sollen ihre Arbeiten ruhig bis zu Ende machen dürfen.
9. Es sollen öfter Mal- oder Spielstunden stattfinden.
10. Wir dürfen uns unseren Sitzplatz selbst aussuchen.
11. Die Klasse muss beschließen, was geschehen soll, wenn einer gegen die Klassenordnung verstößt.

Schon dreimal verboten

Rolf Krenzer

„Ich habe es dir schon dreimal verboten!", grollt der Vater, packt den kleinen Tim hart am Arm und geht mit ihm hinaus.

Draußen hört Mario seinen Bruder bitterlich weinen. Bestimmt hat er Schläge bekommen. Die Erwachsenen sind seltsam, denkt Mario.

Im Wald ist das Rauchen verboten – Vati raucht seine Zigarette beim Spazierengehen.

An der Straße steht ein Schild: Überholverbot – Vati tritt aufs Gaspedal und überholt den alten VW.

„Hebe das Schokoladenpapier auf!", sagt Vati. – Dann geht er weg, steckt sich eine Zigarette an und wirft die leere Schachtel fort.

Ehrlich

Manfred Mai

„Merk dir eins, Mathias", sagt der Vater. „Wenn du ehrlich bist, mögen dich die andern. Wenn du lügst, mag dich niemand. Daran musst du immer denken!"
Mathias nickt.
Am Sonntagnachmittag wollen die Eltern einen Spaziergang machen.
„Ich will aber nicht", sagt Mathias. „Spazieren gehen ist der letzte Scheiß!"
„Mathias!" Die Eltern sind entsetzt.
Der Vater schüttelt den Kopf: „So etwas sagt man nicht!"
„Aber du sagst doch, ich soll immer ehrlich sein."
„Das ist nicht ehrlich, das ist ungezogen", erklärt der Vater.
Nach dem Spaziergang besuchen sie Mathias' Großmutter.
„Wie geht's dir, mein Junge?", fragt die Großmutter.
„Schlecht", antwortet Mathias.
„Warum schlecht?"
„Weil Besuche bei dir das Langweiligste von der ganzen Welt sind."
Da guckt die Großmutter! Und der Vater guckt auch.
Und Mathias? Mathias denkt nach. Über die Erwachsenen und über die Wahrheit.

Kaffeeklatsch

Susanne Kilian

Wenn Frau Saroli einmal im Monat Kaffeeklatsch hat, kommt auch Fräulein Bach.

Fräulein Bach hat eine Riesennase, einen Zinken. Sie hat Kleider, die vorne und hinten nicht passen. An den Füßen hat sie Schuhe, beinahe schon Elbkähne, so breit.

Fräulein Bach redet immer so: „Wäre es wohl möglich, dass ich … Dürfte ich höflich darum bitten … Würde es Ihnen große Mühe machen, wenn …"

Manchmal muss Fräulein Bach früher nach Hause gehen. Kaum ist die Haustür hinter ihr zugefallen, lachen die anderen im Wohnzimmer darüber, wie hässlich und komisch Fräulein Bach ist. Marion kriegt immer alles mit, weil sie in ihrem Zimmer Schularbeiten macht.

Heute ist wieder Kaffeeklatsch. Alle sind schon versammelt. Nur Fräulein Bach fehlt. Es klingelt.

„Ach, Fräulein Bach! Was für ein entzückendes Kleid Sie wieder anhaben! Und das Hütchen! Bezaubernd!", hört Marion die Mutter rufen. Im Wohnzimmer geht's weiter. „Nein, was für eine frische Farbe. Richtig gesund und jung sehen Sie wieder aus. Wo haben Sie denn bloß diese reizenden Stiefelchen gekauft?"

Da schmeißt Marion ihren Füller hin, reißt die Tür auf und schreit ins Wohnzimmer: „Mensch, betut euch doch nicht so! Wenn sie weg ist, sagt ihr doch ganz was anderes. Was für eine hässliche Ziege, sagt ihr, jawohl!"

Der Schokoriegel

Renate Schupp

Laura hat im Supermarkt einen Schokoriegel gekauft. Im Hinausgehen zählt sie das Rückgeld und sagt zu Peter und Lena: „Die Verkäuferin hat mir falsch herausgegeben."

„Was? Geh gleich noch mal hin und beschwer dich!", rufen Peter und Lena.

Aber Laura sagt: „Nein, nein! Sie hat mir *zu viel* herausgegeben. Ich hab ein Zweimarkstück hingelegt und sie hat auf fünf Mark herausgegeben."

„Na super!", sagt Lena. „Kaufst ein und hast hinterher mehr Geld als zuvor! Das müsste mir auch mal passieren."

Laura lacht.

„Wartet!", sagt sie. „Ich bring es schnell zurück."

„Spinnst du?", ruft Peter. „Das merkt doch niemand. Wenn die Verkäuferin nicht aufpasst, ist sie selber schuld."

Laura zögert. Sie schaut auf das Geld in ihrer Hand.

„Ich bring's trotzdem zurück", sagt sie dann. „Bin gleich wieder da!"

Ein unheimlich toller Paps

Ingrid Bergmann

„Wenn ich groß bin, heirate ich einen ganz netten Mann. Dann ziehen wir in ein schönes Haus und kriegen Kinder. Dann ..."

„Hör doch auf! Ich kann diese blöden Geschichten nicht mehr hören!", schreit Karin.

„Mann! Hab dich doch nicht so!", antwortet Bärbel. „Findest du das etwa nicht schön zu heiraten und so einen netten Mann zu haben und Kinder und so?"

„Blödgeschichten! Heiraten, netten Mann, Kinder! Hab die Nase voll von meinem Alten! Kaum ist er da, gibt's Stunk. Meckert Mutti an, schnauzt rum mit uns! Kann gut auf so was verzichten."

„Es gibt doch auch nette Väter. Meiner ist nett. Der schimpft nie! Wirklich nicht. Er ist wirklich ein unheimlich toller Paps. Jeden Abend spielt er mit mir und für Mutti bringt er immer Anisplätzchen mit. Mag sie nämlich so gerne. Ich darf auch immer lange fernsehen. Warum guckst du so? Kannst es mir schon glauben!", erzählt Bärbel hastig weiter.

„Aber Bärbel! Was erzählst du da? Du hast doch gar keinen Papi!"

Zwei Mark

Susanne Kilian

Peter hatte sein Taschengeld angelegt in ein Micky-Maus-Heft, Flugzeugbilder, Kaugummi und Zündblätt-chen. Er würde gern weiter anlegen, nur fehlt ihm das Geld. Das hat er nicht. Das kriegt er vor nächstem Montag nicht.

Er geht an den Mänteln im Schulflur entlang, langt dabei ganz nebenbei in die Taschen. Angelt sich zwei Mark. Na und? Nichts weiter.

Klaus hatte mal die zwei Mark. Und jetzt hat sie Peter! Der Lehrer fragt die Klasse aus, ein Kind nach dem an-dern: „Wo sind die zwei Mark vom Klaus?"

Und Peter? Peter lügt.

„Ich war's nicht!"

„Ich war's wirklich nicht. Kann's ja gar nicht gewesen sein!"

„Ich kann's ja gar nicht gewesen sein, weil ich den ganzen Vormittag nicht außerhalb der Klasse war. Nicht einmal auf'm Klo."

„Nein. Also, ich war's nicht. Wie sollte das denn gehn? Ich bin heute doch noch nicht mal zu spät gekommen. Und in der Pause war auch niemand draußen. Wir waren alle in der Klasse. Ich auch. Es regnete doch in der Pause."

„Also wirklich. Wie hätte ich's denn anstellen sollen? Hier! Hier hab' ich meine zwei Mark Taschengeld. Mein Taschengeld. Ich leg' sie hier auf den Tisch. Würde ich das machen? Na? Würde ich das machen, wenn ich sie geklaut hätte?"

„Nein. Ich war's nicht. Erstens kann ich's gar nicht gewesen sein, zweitens war ich's wirklich nicht. Würde ich dann die zwei Mark vor mich auf den Tisch legen? Na? Also! Mein Vater hat sie mir gegeben, Taschengeld. Ihr könnt ihn fragen. Du kannst die zwei Mark haben, Klaus, wenn du denkst, ich hätt' sie geklaut. Aber ich find's so gemein, dass ihr alle denkt, ich klaue. Jawohl! Richtig gemein!"

Als Peters Mutter hört, dass Peter verdächtigt wurde, die zwei Mark geklaut zu haben, sagt sie: „Was, der Peter? Mein Peter? Der tut so was nicht. Nein. Nie und nimmer würde mein Peter so was tun. Nein, nein, nein und nochmals nein!"

Der Pflaumenkern

Leo N. Tolstoj

Die Mutter kaufte Pflaumen und wollte sie den Kindern als Nachtisch geben. Sie legte die Pflaumen auf einen Teller.

Wanja hatte noch nie Pflaumen gegessen. Er beschnupperte sie in einem fort. Sie gefielen ihm. Er hatte die größte Lust, sie gleich aufzuessen. Immer wieder ging er an den Pflaumen vorbei.

Als gerade niemand in der Stube war, hielt er es nicht mehr aus, nahm eine Pflaume und aß sie.

Vor dem Mittagessen zählte die Mutter die Pflaumen und sah gleich: Da fehlt eine. Sie sagte es dem Vater.

Beim Essen fragte der Vater: „Na, Kinder, hat da nicht eins von euch eine Pflaume gegessen?"

Alle sagten: „Nein!"

Wanja wurde rot wie ein Krebs in kochendem Wasser und sagte auch: „Nein, ich nicht!"

Da sagte der Vater: „Es wäre kein Unglück, wenn jemand von euch eine Pflaume gegessen hätte. Schlimm wäre nur, wenn jemand nicht wüsste, wie man Pflaumen isst, und er hätte den Kern mitverschluckt. So einer nämlich stirbt noch am gleichen Tag. Das fürchte ich."

Wanja wurde blass und sagte: „Nein, nein, den Kern hab ich aus dem Fenster geworfen."

Und alle mussten lachen.

Das Geheimnis

Hans Stempel · Martin Ripkens

Es war einmal ein Mädchen, das wollte seiner Mutter zum Geburtstag etwas Schönes schenken. Eine ganze Woche lang drückte es sich an den Schaufenstern die Nase platt, bis es gefunden hatte, was ihm gefiel. Das Geschenk war nicht billig. Das Mädchen musste dafür auf ein Dutzend Eisbecher mit Sahne verzichten. Aber das tat es gerne. Es freute sich, wenn es daran dachte, wie die Mutter sich freuen würde. Nur war es nicht leicht, das Geschenk heimlich ins Haus zu schaffen.

Zuerst fand sich im Keller ein Versteck, dann auf dem Dachboden. Doch am Tag vor dem Geburtstag, als es das Geschenk in sein Zimmer trug, wurde das Mädchen von der Mutter ertappt. Das Mädchen hatte sein Geschenk in eine alte Decke gewickelt. Die Mutter vermutete Böses. „Aufmachen!", sagte sie barsch.

„Es ist ein Geheimnis!", sagte das Mädchen bittend.

„Kinder haben keine Geheimnisse!", sagte die Mutter, griff nach der Decke, griff daneben und das Geschenk fiel zu Boden. Die Mutter bückte sich, schlug hastig die Decke auseinander, fand jedoch nur noch Scherben.

In diesem Augenblick begriff sie, was sie falsch gemacht hatte. Gerne hätte sie gewusst, ob es die Scherben einer Schüssel, eines Aschenbechers oder einer Vase waren. Aber sie wusste, dass sie danach jetzt nicht fragen durfte. Auch Kinder haben Geheimnisse.

Ein Geheimnis behalten

Karin Schupp

Jeden Tag nach der Schule treffen sich Jan und Lukas im Wald. Vor ein paar Tagen haben sie eine kleine Hütte gefunden. Sie ist verfallen und schmutzig. Jan und Lukas haben beschlossen, die Hütte wieder herzurichten. Es gibt viel zu tun: Bretter sind lose, das Dach muss neu gedeckt werden und in der Hütte liegt allerhand alter Plunder – Steine, vergilbte Zeitungen, sogar ein rostiger Kochtopf. Jan und Lukas stopfen alles in große Mülltüten.

Es ist heiß. Lukas schwitzt, obwohl er sein T-Shirt längst ausgezogen hat. Auch auf Jans Stirn stehen Schweißperlen. Doch er trägt immer noch seine langen Hosen und sein T-Shirt.

„Wieso ziehst du nicht was aus?", fragt Lukas nun schon zum dritten Mal.

Zuerst hat Jan immer mit dem Kopf geschüttelt, doch jetzt räuspert er sich lange und sagt schließlich mit rauher Stimme: „Kannst du ein Geheimnis für dich behalten?"

„Na klar", sagt Lukas.

Langsam zieht Jan sein T-Shirt über die Schultern. Lukas erschrickt: Jans Rücken ist voller blauer und roter Flecken.

„Mein Vater war das", sagt Jan. „Wenn der wütend wird, dann ..." Er schaut Lukas an. „Deshalb kriege ich auch immer eine Entschuldigung für Sport, wenn ich so aussehe. Aber das darfst du keinem Menschen erzählen. Versprochen?"
Lukas nickt.

Am nächsten Tag hat Jans und Lukas' Klasse in den ersten beiden Stunden Sport. Jan ist nicht da. Erst in der großen Pause kommt er und gibt Frau Berg einen Entschuldigungsbrief.
„Also wirklich!", sagt Frau Berg zweifelnd. „Das ist nun schon das dritte Mal, dass du nicht zum Sportunterricht kommst. Magst du Sport nicht?"
„Doch", sagt Jan leise. Er dreht sich um und läuft weg. Kopfschüttelnd schaut ihm Frau Berg hinterher.
„Was hat Jan denn bloß? Weißt du vielleicht, was mit ihm los ist?", fragt sie Lukas besorgt.
Lukas sagt nichts.
Da klingelt es, die Pause ist zu Ende.
„Wir reden nach der Stunde noch mal drüber", sagt Frau Bergmann zu Lukas, bevor sie ins Klassenzimmer geht.

Geheimnisse vor Weihnachten

Rolf Krenzer

„Komm einmal mit. Ich will dir etwas zeigen!", sagt die Mutter. Joachim folgt ihr ins Schlafzimmer. Die Mutter schließt leise die Tür und geht dann zum Kleiderschrank. „Du darfst aber nichts verraten!", sagt sie.
„Ganz bestimmt nicht!", sagt Joachim. „Kein Sterbenswörtchen!"
Ganz hinten im Kleiderschrank hat die Mutter ein Geheimversteck. Sie kramt eine Schachtel hervor und öffnet sie vorsichtig.
„Schau, das ist die Armbanduhr, die Vati zu Weihnachten bekommt. Und hier ist ein neuer warmer Pullover!"
„Hast du den selbst gestrickt?", will Joachim wissen.
„Ja, immer dann, wenn Vati nicht zu Hause war!", flüstert die Mutter. „Du darfst aber nichts verraten!"
„Ganz bestimmt nicht!", sagt Joachim.

Auch der Vater nimmt Joachim heimlich beiseite. Ganz hinten in der oberen Schublade in seinem Schreibtisch hat der Vater sein Geheimversteck.
„Du darfst aber nichts verraten!", sagt er.
„Ganz bestimmt nicht!", sagt Joachim. „Kein Sterbenswörtchen!"

Da zeigt ihm der Vater den Ring und das Buch, das er der Mutter zu Weihnachten schenken will. Joachim darf den Ring sogar einmal an seinem Daumen anprobieren.
„Du darfst aber nichts verraten!", sagt er.
„Ganz bestimmt nicht!", sagt Joachim.

„Komm einmal mit!", sagt Joachim heimlich zu seinem Vater und zieht ihn hinter sich her in das Kinderzimmer. Als die beiden wieder herauskommen, lächeln sie geheimnisvoll.

„Komm einmal mit mir!", sagt Joachim zu seiner Mutter. Vorsichtig wickelt er den Bleistiftspitzer für Vati aus dem Weihnachtspapier. „Du darfst aber nichts verraten!", sagt Joachim.
„Ganz bestimmt nicht!", sagt die Mutter. „Kein Sterbenswörtchen!"

Vor Weihnachten hat jeder seine Geheimnisse. Am schönsten ist es aber, wenn man sein Geheimnis mit einem anderen teilen kann.
Aber nichts verraten! Kein Sterbenswörtchen!

Freunde

Karin Schupp

Jiri und Bastian sitzen auf der kleinen Mauer im Schulhof. „Weißt du, welches Mädchen ich mag?", fragt Jiri und beißt in sein Pausenbrot.

„Nee", antwortet Bastian, „welches denn?"

„Es ist aber ein Geheimnis", sagt Jiri.

„Ich werd's schon nicht verraten. Wer ist es denn?", fragt Bastian neugierig.

„Versprich mir, dass du es nicht weitererzählst", sagt Jiri.

„Ja, ja", drängelt Bastian, „jetzt sag schon, wen du magst."

Jiri holt tief Luft. „Maja", sagt er. „Die lacht so lustig und hat so ulkige Sommersprossen, und außerdem traut sie sich was ..."

„Wie bitte?", unterbricht ihn Bastian und lacht laut. „Maja? Ausgerechnet die?"

„Na und?", sagt Jiri. „Ich mag sie halt." Wütend stapft er davon.

In der nächsten Pause sitzt Jiri alleine auf der Mauer. Bastian steht bei Markus, Dennis und Christian. Plötzlich zeigen sie auf Jiri und rufen: „Jiri ist verknallt! Jiri ist verknallt!"

Dennis, der immer die größte Klappe hat, ruft: „Maja, komm mal her! Jiri will dich küssen."

Die vier lachen sich kaputt. Alle Kinder schauen zu ihm herüber.

Jiri wird knallrot. Am liebsten möchte er im Erdboden versinken.

Da kommt Bastian auf ihn zu und lacht.

„Hey, das war doch nur Spaß", sagt er.

Jiri springt von der Mauer und geht.

„Nun sei doch nicht gleich beleidigt", ruft Bastian. „Wir sind doch Freunde."

Da dreht sich Jiri um.

„Nein", sagt er. „Das sind wir nicht. Freunde verraten keine Geheimnisse."

Geheimnis

Sonja Matthes

Geheimnis? Ich war noch ein kleines Kind und wusste nicht, was das ist.

Der Vater erklärte mir: „Es gibt verschiedene Geheimnisse. Das echte ist allen Menschen unbekannt. Niemand hat es gesehen. Es hat eine große Kraft. Aber es gibt auch Geheimnisse, die gehören einem Menschen. Einer weiß davon. Er möchte sein Geheimnis für sich behalten. Sagt er es weiter, dann weiß er nie, ob es der andere nicht längst verraten hat. Was viele Menschen wissen, ist kein Geheimnis mehr."

Eigentlich wusste ich immer noch nicht, was ein Geheimnis war. Der Vater hatte es mir nicht gezeigt. Das Geheimnis blieb ein Geheimnis.

Dann fand ich im Garten eine dicke Samenkapsel vom roten Mohn. Sie war rundum verschlossen, groß wie ein Taubenei. Obenauf trug sie eine zierliche, blütenförmige Krone. In der Kapsel rasselte etwas, wenn man sie vorsichtig schüttelte. Ich dachte: Jetzt habe ich ein Ge-

heimnis gefunden. Niemand hat je gesehen, was in dieser Kapsel ist. Es ist, wie der Vater gesagt hat.
Ich bat meine Mutter um ein Stück weichen Stoff.
„Wofür?"
„Das ist ein Geheimnis."
Sie gab mir den Rest eines Seidenschals. Jetzt suchte ich eine feste Schachtel, bettete die geheimnisvolle Kapsel hinein, verschloss das Päckchen mit einem roten Weihnachtsband und ging damit zum Vater: „Bitte, schreib das Wort ›Geheimnis‹ darauf!"
Der Vater tat's mit verschnörkelter Schrift.
Ich legte die Schachtel auf den kleinen Tisch neben meinem Bett. Nachts träumte ich die wunderlichsten Dinge, was die Kapsel alles hervorzaubern könne. Aber morgens war ich froh, dass die Schachtel noch verschlossen war.
Vorher hatte ich Angst, im Dunkeln allein zu sein. Seit ich ein Geheimnis besaß, war diese Angst vorbei.

Das Bauchweh

Nasrin Siege

Einmal hab ich Bauchweh gehabt. Das Bauchweh war das Diktat, das wir an dem Tag, an dem ich Bauchweh bekam, schreiben sollten. Als ich morgens aufwachte, hatte ich schon ein leises Grummeln im Magen.

„Ich habe Bauchweh", habe ich zu meiner Mutter gesagt.

„Schreibst du eine Arbeit heute?", hat sie mich gefragt. Ich kann nicht lügen, höchstens mal ein bisschen flunkern. Aber dann kriege ich auch schon wieder Bauchweh. Also lass ich das lieber sein. Dann schon lieber Bauchweh, weil ich irgendeine Arbeit schreibe.

„Ja, aber ich hab wirklich Bauchweh!", habe ich zu meiner Mutter gesagt. Da hat sie mir eine Entschuldigung geschrieben. Ich bin nicht zur Schule gegangen. Mutter hat gesagt, dass ich zu Hause bleiben soll und sie hat mir eine Suppe gemacht und mit mir Diktat geübt. Als ich am nächsten Morgen zur Schule gegangen bin, habe ich kein Bauchweh mehr gehabt.

Der Lehrer war auch krank gewesen. Er hatte auch Bauchweh gehabt. Er sagte, er hätte was Schlechtes gegessen. Dann hat er die Arbeit mit uns allen nachgeschrieben und ich hab nur wenig Fehler gemacht.

Seitdem hab ich kein Bauchweh mehr vor einer Arbeit. Mutter sagt, auch Bauchweh muss man mal haben. Man muss nur wissen, warum.

Angst

Sara Krüger

„Die Äpfel sind reif!", sagt Franz. „Bei Bauers, die schmecken am besten!"

„Au ja, lass uns Äpfel klauen", sagt Anne.

Sie steigen vorsichtig über einen Stacheldraht-Zaun.

Franz klettert auf einen Apfelbaum und schüttelt den Ast. Anne klaubt die Äpfel auf.

Plötzlich kommt ein Traktor den Feldweg entlanggerattert. Der Bauer!

Anne lässt die Äpfel fallen und rennt los. Der Stacheldraht reißt ihr die Hand auf, aber sie bemerkt den Schmerz kaum.

Sie läuft in das kleine Wäldchen. Als das Seitenstechen zu stark wird, wirft sie sich hinter ein Gebüsch auf den Boden.

Sie riecht die modrige Walderde. Sie hat Angst. Wenn das die Eltern erfahren!

Der Bauer hat Franz erwischt. Anne kann hören, wie er laut heult.

„Bitte, lieber Gott", bittet Anne, „mach, dass Franz nicht petzt."

Sie schwitzt und friert gleichzeitig. Nach einer langen Weile wagt sie sich aus ihrem Versteck. Niemand ist zu sehen. Sie geht nach Hause.

Seitdem, immer wenn Anne Angst bekommt, steigt ihr der Geruch nach modriger Walderde in die Nase.

Du kannst es doch

Wolfgang Menzel

Immer, wenn Tina in der Schule etwas vorlesen sollte, bekam sie es mit der Angst. Dabei hatte sie diesmal zu Hause wirklich geübt. Ihre Mutter hatte gesagt: „Du musst üben, Kind!" Und da hatte Tina sich hingesetzt und die ganze Geschichte gelesen, erst leise, dann laut: „Eine Stadtmaus ging spazieren und kam zu einer Feldmaus. Die legte ihr zu essen vor, was sie nur konnte ..." Tina hatte dann ihrer Mutter die Geschichte noch einmal vorgelesen.

„Siehst du", hatte die Mutter gesagt, „es geht doch sehr gut."

Aber nun sollte Tina in der Schule vorlesen. Die Lehrerin hatte sie aufgerufen und da war ihr wieder, als wenn ein dicker Kloß in ihrem Hals stecken geblieben wäre. Richtig zitterig war ihr, denn sie hatte Angst, etwas falsch zu machen. Sie fing an: „Eine Stadtmaus ging spaz-, spaz-, spaz- ..."

Die Kinder mussten lachen.

Die Lehrerin sagte: „Sei ganz ruhig, Tina, und lies noch einmal von vorn."

Und Tina las: „Eine Stadtmaus ging spazieren und kam zu einer Feldlaus."

Wieder fingen die anderen an zu lachen. Tina spürte, wie ihr das Weinen durch den Hals in die Nase heraufgekrochen kam. Sie musste schlucken.

Da sagte die Lehrerin zu den Kindern: „Wenn ihr über Tina lacht, dann wird die Geschichte für euch vielleicht immer lustiger. Für Tina aber wird sie bestimmt immer trauriger."

Und zu Tina sagte sie: „Das mit der Feldlaus ist doch ganz lustig. Lies nur weiter!"

Da musste Tina selbst ein bisschen lachen.

Und dann las sie die Geschichte weiter.

„Du kannst es doch!", sagte die Lehrerin. „Und wenn du keine Angst mehr hast, dann kannst du es bald noch viel besser."

Der schreckliche Hund

Winfried Wolf

Ein Junge hatte große Angst vor einem Hund. Jedes Mal, wenn er an dem Haus vorbeigehen musste, stürzte der Hund an den Zaun, sprang hoch, bellte und fletschte die Zähne.

Erst wünschte sich der Junge, dass er ein Ritter wäre mit einer dicken eisernen Rüstung und einem langen scharfen Schwert. Oder ein gewaltiger Riese mit Bärenkräften. Dann hätte der Hund Angst vor *ihm*.

Aber dann erzählte er doch einmal seiner Mutter von dem Hund. Sie nahm ihn an der Hand und ging mit ihm zu der Frau, welcher der Hund gehörte.

Die Mutter des Jungen und die Frau sprachen miteinander.

Dann holte die Frau ihren Hund. Sie streichelte den Jungen und der Hund beschnüffelte ihn. Der Junge sah dem Hund in die Augen. Sie waren braun und freundlich.

Wenn der Junge jetzt an dem Haus vorbeigeht, kommt der Hund und wedelt mit dem Schwanz. Und manchmal streichelt der Junge den Hund sogar.

Zusammen

Dolf Verroen

King hat Angst im Dunkeln.
Abends traut er sich nicht allein auf den Dachboden.
Und nun muss er.
Denn Oma ist da.
Sie schläft in der Dachkammer.
Und King soll ihr ein Taschentuch holen.
Aber King traut sich nicht.
Und darum sagt er:
„Da geh ich aber nicht hin.
Geh doch selber hin!"
„Ich will schon", sagt Oma.
„Aber ich trau mich nicht.
Ich habe Angst im Dunkeln."
Wie komisch:
Eine alte Oma, die Angst hat!
Ob sie dann zusammen gehen wollen?
Das machen sie.
Sie gehen ganz vorsichtig nach oben.
King muss Oma helfen.
Denn Oma kann nicht so gut sehen.
Endlich sind sie oben.
Oma knipst das Licht an.
„So, jetzt kann ich wieder richtig sehen",
sagt sie froh.

Angst und Mut

Ursula Wölfel

Bert und Kilian sind allein zu Hause. Eigentlich sollten sie jetzt schon schlafen. Aber es ist so schwül. Sie liegen in ihren Betten und erzählen sich etwas. Ganz plötzlich wird es dunkel. Kilian guckt aus dem Fenster.

„Es gibt ein Gewitter! Es blitzt schon!", ruft er.

„Das ist nur ein Wetterleuchten", sagt Bert und zieht sich die Decke über den Kopf. Aber da donnert es schon.

„Schnell! Mach das Fenster zu!", ruft Kilian.

Bert rennt zum Fenster, wirft es zu und springt wieder in sein Bett. Nun macht ein greller Blitz das Zimmer hell, der Donner kracht, und Kilian schreit: „Bert! Bert! Komm zu mir!"

„Das Gewitter ist noch weit entfernt!", sagt Bert. Seine Stimme zittert. Er tastet sich zu Kilians Bett und setzt sich auf das Fußende. Er legt den Kopf auf die Knie und macht die Augen zu, damit er die Blitze nicht sehen muss. Aber sie leuchten durch seine geschlossenen Augenlider. Bei jedem Donnerschlag zuckt er zusammen.

Kilian kriecht näher zu Bert. Der streichelt seinen Rücken und sagt: „Du brauchst keine Angst zu haben. Ich bin doch bei dir."

„Bitte, hol eine Kerze!", sagt Kilian. „Vielleicht schlägt der Blitz in die Stromleitung."

Bert läuft in die Küche. Blitz und Donner kommen ihm hier noch schrecklicher vor. Da ist die Kerze. Aber wo sind die Streichhölzer? Im Wohnzimmer?

Er rennt und stolpert über einen Stuhl. Er stößt mit dem nackten Zeh an ein Tischbein.

„Wo bleibst du so lange?", ruft Kilian.

„Dummerchen!", sagt Bert. Seine Hände zittern so sehr, dass er drei Streichhölzer braucht, bis die Kerze brennt. Nun regnet es draußen.

Es blitzt nicht mehr so oft. Der Donner wird schwächer. Das Gewitter zieht fort.

Nur der Regen rauscht.

„Hast du gar keine Angst gehabt?", fragt Kilian.

Bert bläst die Kerze aus.

„Ich habe schreckliche Angst gehabt", sagt er.

Nur die,
die keine Angst haben

Cordula Tollmien

Nora ist zum ersten Mal im Zirkus. Sie ist mit ihrer Oma da und sitzt in der zweiten Reihe. Es ist ein ganz kleiner Zirkus. Richtig für Kinder. Der Zirkusdirektor ist eine Frau und die Kinder aus der ersten Reihe werden nach vorn gerufen und dürfen mitspielen. Nora ist froh, dass sie in der zweiten Reihe sitzt.

Nora lacht über die Schimpansen. Da ist einer dabei, der läuft, wenn er dran ist, jedes Mal weg und rettet sich auf den Arm der Zirkusdirektorin. Die erzählt, dass er am liebsten in ihrem Bett schläft …

Eine Schlange haben sie in dem Zirkus auch. Eine riesige Schlange sogar. Die Zirkusdirektorin holt sie aus einem Korb. Sie legt sie sich um den Hals und erzählt den Kindern, dass Schlangen gar nicht glitschig sind, sondern ganz trocken und sich gut anfassen.

„Alle, die keine Angst haben, können das ja mal ausprobieren", sagt die Zirkusdirektorin. „Fasst sie einfach einmal an." Sie geht von Kind zu Kind mit der Schlange um den Hals.

Die Kinder berühren sie vorsichtig.

Schließlich kommt die Zirkusdirektorin auch in die zweite Reihe zu Nora und ihrer Oma. Die Oma fasst die Schlange an.

„Stimmt", sagt sie. „Ist ganz trocken."

Nora ist, so weit es geht, auf ihrem Stuhl zurückgerutscht.

„Jetzt du", sagt die Zirkusdirektorin.

„Ja", sagt Noras Oma, „fass sie an."

Doch Nora schüttelt den Kopf.

„Nur die, die keine Angst haben", sagt sie. „Ich habe aber Angst."

Die Zirkusdirektorin guckt erst ein wenig verwundert, aber dann lächelt sie und geht weiter.

Nur Noras Oma kann das nicht verstehen und sagt während der ganzen Vorstellung immer wieder, dass Nora doch keine Angst haben muss. Nicht vor einer Schlange, die ganz trocken ist. Irgendwann hört Nora einfach nicht mehr hin.

Gökan hat Mut

Irina Korschunow

Ich heiße Michael. In unserer Stadt arbeiten viele Türken.
Ihre Kinder gehen mit uns in die Schule. Auch in meiner
Klasse sind zwölf Türken. Einer von ihnen heißt Gökan,
der gefiel mir von Anfang an. Ich hätte mich gern mal mit
ihm unterhalten, über die Türkei und wie es dort ist. Aber
Fred Bachmann hatte uns gesagt, wir sollten nicht mit
den Türken reden.
Fred Bachmann hat eine Zeit lang in unserer Klasse zu
bestimmen gehabt. Wir hatten alle Angst vor ihm. Bloß
deshalb habe ich nicht mit Gökan gesprochen.
Dabei konnte ich Fred Bachmann eigentlich nie leiden.
Wie der den Helmut Runge gequält hat! Er stellte ihm ein
Bein und zog ihm den Stuhl weg oder versteckte seinen
Ranzen, jeden Tag etwas anderes. Helmut Runge ist klein
und schwächlich und hat überhaupt keine Muskeln. So
einen zu ärgern, das fand ich gemein.

Am vorigen Donnerstag hat Fred Bachmann Kracher mit
in die Schule gebracht. Unser Lehrer war krank. Wir hatten Herrn Klotz als Vertretung und der versteht keinen
Spaß.
„Lass das sein mit den Krachern", haben wir gesagt.
Doch als Herr Klotz an der Tafel stand, hat Fred Bachmann losgeballert.

„Wer war das?", hat Herr Klotz gebrüllt.

Keiner meldete sich und Herr Klotz sagte: „Na gut, dann könnt ihr heute Nachmittag Schreiben üben. Bis morgen schreibt ihr alle die Geschichte ab, die wir eben gelesen haben."

Draußen lag so schöner Rodelschnee. Und nun sollten wir diese blöde Geschichte abschreiben. Wir sahen Fred Bachmann an und warteten und waren froh, als er den Finger hob. Aber da sagte er: „Helmut Runge hat es gemacht."

„Der spinnt wohl!", dachte ich. Ich glaube, die anderen dachten das Gleiche. Es wurde ganz still in der Klasse. Nur Helmut Runge fing an zu heulen. Und auf einmal rief Gökan, der Türke: „Stimmt nicht! War nicht Runge! War Bachmann selber!"

Wir haben ihn angestarrt und gestaunt. Der hatte Mumm!

Fred Bachmann bekam eine riesige Strafarbeit. Er platzte beinahe vor Wut. Gleich nach der Schule wollte er auf Gökan losgehen.

Da haben ich und ein paar andere ihn festgehalten und jetzt muss er kuschen, der Feigling. Mit dem will niemand mehr etwas zu tun haben. Aber mit Gökan möchte ich bald mal richtig reden.

Drago malt ein Haus

Renate Schupp

Drago sitzt an einem der Tische im Gemeinschaftsraum und malt ein Haus. Es hat eine Tür und drei Fenster – eins unten neben der Tür und zwei oben. Aus dem Schornstein kringelt sich eine Rauchfahne. Von der Tür aus führt ein Weg in einem großen Bogen über das ganze Blatt bis in die rechte untere Ecke. Dort stehen Tannenbäume und davor ein Mensch.

Frau Dietrich, die Heimleiterin, kommt herein. Sie bleibt neben Drago stehen.

„Du kannst aber schön malen", sagt sie freundlich. Drago setzt sich zurück, damit sie besser sehen kann, und eine Weile betrachten sie schweigend sein Bild.

„Und wer ist das?", fragt Frau Dietrich schließlich und zeigt auf die Figur am Bildrand.

„Ist Junge", erklärt Drago. „Haben verfolgt ihn Feinde. Hat sich versteckt in Wald. Hat Angst und kalt und Hunger. Da – er sieht Haus."

„Aha", sagt Frau Dietrich.

Drago malt das untere Fenster gelb aus. „In Küche brennt Licht", erklärt er. „Da – er läuft und läuft und läuft bis Haus und klingelt an Tür." Drago malt neben die Tür einen dicken schwarzen Punkt. Das ist die Klingel.

„Und dann?", fragt Frau Dietrich.

„Ist gerettet", sagt Drago und seufzt zufrieden.

Noch mal von vorne

Manfred Mai

Ferdinand steht vor der Wohnzimmertür und zählt. „Eins, zwei, drei, vier … Bei zehn geh ich hinein … neun, zehn, elf, zwölf …"
Ferdinand schaut sich um.
„Also bis zwanzig. Dann tu ich's … dreizehn, vierzehn … Papa wird bestimmt schimpfen … neunzehn, zwanzig … einundzwanzig … Zum Glück ist Mama da."
Ferdinand bewegt vorsichtig die Finger seiner linken Hand. Er spürt das Papier. Es ist noch da.
„Und ich muss es ihm zeigen. Deutsch 5, Mathe 5. Nicht versetzt."
Wieder schaut sich Ferdinand um.
„Ich fang noch mal von vorne an. Eins, zwei, drei … Soll er mich doch schimpfen oder auslachen oder verprügeln oder alles zusammen. Ist mir doch egal … acht, neun zehn!" Langsam hebt Ferdinand den rechten Arm. Seine Finger umschließen die Türklinke. „Jetzt tu ich's. Ganz bestimmt."
Doch bevor Ferdinand es schafft, hört er drinnen Schritte. Plötzlich wird die Tür geöffnet und sein Vater steht vor ihm. Wortlos streckt Ferdinand ihm das Zeugnis entgegen. Der Vater nimmt es und liest es durch. Dann schaut er Ferdinand an. „Schlimm, was?"
Ferdinand nickt.

Mutter sagt immer nein

Gina Ruck-Pauquèt

Nie würde ihre Mutter das erlauben!
Franka trug die Schultasche über der rechten Schulter.
Der andere Riemen war schon wieder abgerissen.
Nie würde ihre Mutter erlauben, dass sie die Radtour
mitmachte. Nie.
Aber Franka war nicht gewillt, so leicht aufzugeben. „Al-
le fahren mit", würde sie sagen. „Alle meine Freundin-
nen. Die Susi, das Mareile und die Christel auch."
„Das ist mir ganz gleichgültig", würde die Mutter sagen,
„du fährst trotzdem nicht!"
„Warum nicht?", würde Franka fragen.
„Weil es zu gefährlich ist", würde die Mutter antworten.
„Aber wir sind doch keine kleinen Kinder mehr", würde
Franka ihr entgegenhalten. „Du sagst doch selber, das
man lernen muss, sich in der Welt zurechtzufinden."
„Ja", würde die Mutter sagen. „Aber langsam und vor-
sichtig. Nach und nach."

„Warum dürfen denn die anderen?", würde Franka wieder anfangen.

„Das weiß ich nicht", würde die Mutter sagen. „Und das ist mir auch egal."

An dieser Stelle spätestens würde Franka anfangen zu heulen.

„Lass mich doch mit!", würde sie betteln.

Und die Mutter würde sagen „Nein!" und „Basta!".

Als Franka in ihren Gedanken so weit gekommen war, stand sie vor der Haustür. Sie war so angespannt wie jemand, der losspringen will.

„Na", sagte ihre Mutter. „Da bist du ja."

Und jetzt fängt es an, dachte Franka.

„Die anderen machen eine Radtour an den Steinsee", sagte sie. „Darf ich mitfahren?"

„Ja", sagte ihre Mutter.

Lisa

Karin Gündisch

Lisa spielt gern Flöte. Wenn sie Flöte spielt, vergisst sie alles andere.

Die Mutter hört gern zu. Manchmal hat sie aber keine Zeit zum Zuhören. Ich hab Arbeit, sagt sie.

Lisa kommt mit der Flöte in die Küche.

Trag mal schnell die leeren Gläser in den Keller, sagt die Mutter.

Lisa trägt die Gläser maulend in den Keller. Als sie wieder in der Küche ist, sagt die Mutter: Räum doch mal schnell den Geschirrspüler aus!

Sehr widerwillig räumt Lisa das Geschirr in den Schrank. Wie ein Wiesel flitzt die Mutter in der Küche hin und her. Sie hat viel Arbeit, denn es kommen Gäste zum Abendessen.

Wenn du noch schnell den Tisch decken könntest, sagt sie.

Nun reicht es Lisa aber. Sie heult. Ich wollte dir doch auf der Flöte vorspielen …

Siehst du denn nicht ein, dass ich unter Druck stehe?

Siehst du das nicht ein, dass du mir helfen musst?
Muss ich noch was tun?, fragt Lisa.
Nein, sagt die Mutter, ich bin auch bald fertig.
Immer, wenn ich dir in die Nähe komme, gibst du mir einen Auftrag, schnieft Lisa. Sie nimmt die Flöte und geht ins Wohnzimmer.
Jetzt habe ich Lisa die Lust am Flötenspiel verdorben, jetzt ist Lisa missgestimmt, denkt die Mutter. Sie selbst ist auch missgestimmt.

Da klingt aus dem Wohnzimmer ein Lied.
Die Mutter lässt die Arbeit liegen und geht hinüber.
Lisa spielt eine Polonaise von Mozart. Die Mutter hört zu.
Als Lisa fertig ist mit dem Spiel, fragt die Mutter: Tröstet dich die Musik? Lisa nickt. Sie ist nicht mehr verärgert. Auch die Mutter ist nicht mehr verärgert. Lisa musiziert weiter und die ganze Welt besteht nur noch aus herrlichen Klängen.

Meine Lehrerin mag mich nicht

Irina Korschunow

Ich heiße Markus. Ich gehe in die zweite Klasse. Früher hatten wir Frau Mai als Lehrerin. Frau Mai konnte ich alles erzählen: von dem Aquarium bei uns zu Hause und von meinem Hamster und von meiner Oma, die so krank war. Aber dann ist Frau Mai weggegangen und wir haben Frau Beck bekommen. Seitdem gefällt es mir in der Schule nicht mehr.

Gleich am ersten Morgen, als Frau Beck auf Frau Mais' Stuhl saß, habe ich mich vor ihr gefürchtet.

An dem Morgen bin ich nämlich zu spät gekommen. In der Ungerstraße waren zwei Autos zusammengeknallt. Ich habe eine Weile zugeguckt und als ich in die Klasse kam, saß Frau Beck am Lehrertisch.

Ich wollte von dem Unfall erzählen. Aber sie sah mich so streng an, dass ich vor Schreck nichts sagen konnte. Und ausgerechnet an dem Tag hatte ich noch mein Rechenbuch vergessen!

„Das gefällt mir! Zu spät kommen und bloß die Hälfte mitbringen!", sagte Frau Beck. Da fing ich auch beim Lesen an zu stottern. Und am nächsten Tag konnte ich mein Gedicht nicht richtig.

„Na, Markus, das ist aber kein schöner Anfang mit uns beiden", sagte Frau Beck unzufrieden. „Hoffentlich wird es besser."

Aber es wurde immer schlechter. Frau Beck brauchte mich nur anzusehen, gleich sagte ich etwas Falsches. Dann meckerte sie wieder. Und meine Hausaufgaben strich sie auch dauernd durch.

„Du musst dir mehr Mühe geben, Markus", sagte sie. Dabei gab ich mir ja Mühe. Es nützte nur nichts.

„Die mag mich nicht", dachte ich. „Die kann mich nicht leiden."

Doch gestern ist etwas passiert, das muss ich erzählen. Gestern durfte jeder malen, wozu er Lust hatte. „Irgendetwas, das euch besonders gut gefällt", sagte Frau Beck. Da habe ich unser Aquarium gemalt. Ich malte die roten und blauen und silbernen Fische, das grüne Wasser und die Pflanzen. Ich dachte nur noch an mein Bild und nicht an Frau Beck.

Als ich fertig war, kam Frau Beck an meinen Tisch.

„Jetzt meckert sie wieder", dachte ich.

Aber Frau Beck meckerte überhaupt nicht. Sie sagte:

„Das ist schön geworden, Markus!"

Sie hielt mein Bild hoch, damit es alle sehen konnten. Und dann fragte sie: „Schenkst du es mir? Ich möchte es zu Hause an die Wand hängen."

Wirklich, das hat sie gesagt! Vielleicht stimmt es gar nicht, dass Frau Beck mich nicht mag.

Sofie hat einen neuen Pullover

Peter Härtling

Oma hat Sofie einen Pullover geschenkt. Er ist knallrot und hat einen Rollkragen.

Sofie findet den Pullover schön. Die werden in der Schule staunen!

Auf dem Stuhl sitzt sie ganz gerade, damit man den Pullover auch gut sieht.

In der Pause spielt sie nicht mit, damit der Pullover nicht schmutzig wird.

Aber keiner sagt etwas, nicht mal Frau Heinrich.

Am nächsten Tag will sie den Pullover nicht mehr anziehen.

„Du spinnst wohl", sagt Sofies Mutter.

„Nein, ich spinne nicht", sagt Sofie. „Keiner mag den Pullover."

„Wieso?", fragt Mutter.

„Keiner hat was gesagt."

„Hör mal", sagt Mutter, „du hast mir doch erzählt: Olli hat so schöne neue Stiefel. Hast du ihm was dazu gesagt?"

„Nein", sagt Sofie.

Täglich fünf Brote

Arabische Weisheit

Abu Omar kaufte bei seinem Bäcker jeden Tag fünf Brote. Der Bäcker, verwundert über den großen Bedarf, fragte ihn eines Tages, was er eigentlich mit all dem Brot mache.

Abu Omar antwortete weise: „Ein Brot kaufe ich für mich, um es zu essen, zwei Brote gebe ich zurück, und die beiden übrigen leihe ich aus."

Der Bäcker, der mit dieser Antwort nichts anzufangen wusste, fragte erstaunt: „Entschuldige, mein bester Abu Omar, wenn Allah meinen Verstand getrübt hat, doch ich begreife nicht deiner Rede Sinn. Kannst du es mir nicht eingehender erklären?"

Abu Omar erwiderte: „Das Brot, das ich für mich kaufe, verspeise ich selber, wie ich schon gesagt habe. Die zwei Brote, die ich zurückgebe, gebe ich meinen Eltern. Ich schulde sie ihnen, weil sie mich im Kindesalter ernährt haben. Die beiden Brote aber, die ich ausleihe, gebe ich meinen Kindern mit der Bitte, sie mir zurückzugeben, wenn ich alt bin und mein Brot nicht mehr selber verdienen kann."

Die beiden Brüder

Aus dem Hebräischen von J. Kerschensteiner

Zwei Brüder wohnten einst auf dem Berg Morija. Der jüngere war verheiratet und hatte Kinder, der ältere war unverheiratet und allein. Die beiden Brüder arbeiteten zusammen, sie pflügten das Feld zusammen und streuten zusammen den Samen aus. Zur Zeit der Ernte brachten sie das Getreide ein und teilten die Garben in zwei gleichgroße Stöße, für jeden einen Stoß Garben.

Als es Nacht geworden war, legte sich jeder der beiden Brüder bei seinen Garben nieder, um zu schlafen. Der Ältere aber konnte keine Ruhe finden und sprach in seinem Herzen: Mein Bruder hat eine Familie, ich dagegen bin allein und ohne Kinder, und doch habe ich gleich viele Garben genommen wie er. Das ist nicht recht.

Er stand auf und nahm von seinen Garben und schichtete sie heimlich und leise zu den Garben seines Bruders. Dann legte er sich wieder hin und schlief ein.

In der gleichen Nacht nun, geraume Zeit später, erwachte der Jüngere. Auch er musste an seinen Bruder denken und sprach in seinem Herzen: Mein Bruder ist allein und hat keine Kinder. Wer wird in seinen alten Tagen für ihn sorgen?

Und er stand auf, nahm von seinen Garben und trug sie heimlich und leise hinüber zum Stoß des Älteren. Als es Tag wurde, erhoben sich die beiden Brüder, und wie war jeder erstaunt, dass ihre Garbenstöße die gleichen waren wie am Abend zuvor.

Aber keiner sagte darüber zum anderen ein Wort. In der zweiten Nacht wartete jeder ein Weilchen, bis er den anderen schlafend wähnte. Dann erhoben sie sich und jeder nahm von seinen Garben, um sie zum Stoß des anderen zu tragen.

Auf halbem Weg trafen sie plötzlich aufeinander, und jeder erkannte, wie gut es der andere mit ihm meinte. Da ließen sie ihre Garben fallen und umarmten einander in herzlicher, brüderlicher Liebe.

Gott im Himmel aber schaute auf sie hernieder und sprach: Heilig, heilig sei mir dieser Ort. Hier will ich unter den Menschen wohnen.

Geld vom armen Mann

Ursula Wölfel

Wo die Brücke anfängt, sitzt ein Mann auf dem Pflaster.
Er trägt eine gelbe Binde am Arm. Drei schwarze Punkte
sind darauf. Martin weiß nicht, was das bedeutet.
Neben dem Mann liegt ein Hut. Manche Leute werfen
Geldstücke hinein.
„Vielen Dank", sagt der Mann jedes Mal. Aber er schaut
gar nicht hin. Schnips beschnuppert zuerst den Hut und
dann den Mann.
„Pfui!", ruft der. „Nehmen Sie den Hund weg!"
Martin hat Schnips schon zurückgezerrt. Jetzt lacht er.
„Ich bin doch ein Junge!", ruft er.
„Woher soll ich das wissen?", fragt der Mann. „Willst du
dich über mich lustig machen? Ich bin doch blind."
„Ach!", sagt Martin. „Das wusste ich nicht."
„Und ein lahmes Bein habe ich auch", sagt der Mann.
„Deshalb sitze ich hier. Das ist kein Vergnügen."
„Sind Sie ein armer Bettler?", fragt Martin.
„Frag nicht so dumm! Geh weiter", sagt der Mann.

Martin holt seine Geldbörse aus der Tasche und legt leise ein paar Geldstücke in den Hut. Schnell will er fortgehen. Aber Schnips stemmt die Pfoten ein und rührt sich nicht von der Stelle. Er will Martins Geld in dem Hut bewachen.

„Komm doch!", flüstert Martin.

„Bist du immer noch da?", fragt der Mann.

„Der Schnips ist ungehorsam", sagt Martin. „Aber wir gehen jetzt. Wir müssen noch in die Ludwigstraße."

„Das ist weit. Du kannst mit der Straßenbahn fahren."

„Ich habe kein Geld mehr", sagt Martin.

Der Mann sagt: „Nimm dir sechzig Pfennig aus dem Hut!"

„Nein, nein!", sagt Martin. „Wir gehen zu Fuß."

„Sofort nimmst du das Geld!", ruft der Mann. „Sofort! Ich will doch auch einmal jemandem etwas schenken!"

„Ja dann", sagt Martin. „Vielen Dank. Vielen, vielen Dank!"

Ich teile meine Freude

Renate Schupp

Ich teile meine Freude
mit allen, die ich mag.
Da haben viele Leute
viel Freude jeden Tag.

Und jeder teilt sie weiter,
so wird sie niemals leer,
so wird aus einer Freude
ein dutzend. Und noch mehr.

Denn mit geteilter Freude
geht's ganz und gar verhext!
Wie oft wir sie auch teilen:
Sie wächst und wächst und wächst …

Das Erntedankfest

Lene Mayer-Skumanz

Jakob mag Feste. Wenn in der Kirche ein Fest gefeiert wird, geht er immer hin. Für das Erntedankfest hat Jakob den schönsten Apfel ausgesucht. Er reibt ihn, dass er glänzt. Die eine Apfelhälfte glänzt gelb, die andere rot. Jakob läuft das Wasser im Mund zusammen, wenn er den Apfel anschaut. Alles, was die Kinder an diesem Tag in die Kirche bringen, wird nach dem Fest ins Kinderspital getragen. Die Kinder legen ihre Gaben auf den Altar: Weintrauben, Birnen, Tomaten. Susi hat sogar einen Kuchen gebacken.

„Toni", sagt Jakob. „Warum schaust du so traurig drein?"

„Weil ich nix hab", sagt Toni. „Meine kleinen Brüder haben alles aufgegessen."

„Schau meinen Apfel an", sagt Jakob. „Für einen allein ist er zu groß. Ich teile ihn mit dir."

Jakob und Toni steigen die Stufen zum Altar hinauf. Sie legen ihren Apfel vor das Kreuz.

„Die gelbe Hälfte ist von mir", sagt Jakob.

„Die rote von mir", sagt Toni.

Thomas
und seine Martinslaterne

Georg Zeissner

Langsam setzt sich der Martinszug in Bewegung. Voraus reitet Sankt Martin. Ihm folgen die Kindergartenkinder, die Schulkinder und viele Väter und Mütter. Irgendwo im Zug spielt eine Blaskapelle.

Thomas trägt eine Laterne an einem langen Stock. Er hat sie im Kindergarten selbst gebastelt. Er ist sehr stolz darauf.

Neben ihm läuft ein kleiner Junge, der hat auch eine Laterne. Thomas hat ihn noch nie vorher gesehen. Der Kleine schwenkt seine Laterne heftig hin und her. Die Kerze darin flackert hell auf und plötzlich steht das Papier in Flammen. Der Junge bleibt wie erstarrt stehen. Blitzschnell reißt eine Frau, die am Straßenrand dem Zug zuschaut, dem Jungen den Stock aus der Hand, wirft die Laterne zu Boden und tritt mit den Füßen die Flammen aus. Zurück bleibt nur ein bisschen verkohltes Papier und ein zerbrochener Stock.

Die Kinder und die Erwachsenen im Zug laufen weiter und niemand achtet auf den Kleinen, der stehen geblieben ist und bitterlich weint. Thomas überlegt einen Augenblick, dann reicht er ihm seine Laterne und sagt: „Da, nimm meine!"

Der fremde Junge nimmt die Laterne. Seine Augen lachen plötzlich und ohne ein Wort zu sagen, läuft er den anderen Kindern nach.

Thomas bleibt zurück. Er hat ja jetzt keine Laterne mehr. Die Erwachsenen gehen an ihm vorüber und von Ferne hört er die Blasmusik mit den Martinsliedern. Auf einmal wird ihm ganz traurig ums Herz. Er schluckt, denn er fühlt, dass er gleich weinen muss.

Da geht eine Frau vorüber, die ein kleines Mädchen auf dem Arm trägt. Sie bemerkt, dass Thomas traurig ist und allein dasteht. Sie streckt ihm ihre Hand hin und sagt: „Komm mit, nach dem Umzug bekommen alle Kinder einen Weckenmann. Für dich gibt es sicher auch einen."

Thomas muss ganz tief atmen, dann nimmt er die Hand der Frau und geht im Zug mit.

Sollte es das Christkind gewesen sein?

Max Bolliger

Es war einmal eine gute Frau, die sich an Weihnachten eine Ehre daraus machte, arme Kinder zu beschenken. Schon lange vor dem Fest fing sie an, Kuchen zu backen, um sie in der Kirche vor der Krippe zu verteilen.

Als sie mit ihrer Arbeit fertig war, erfüllte ein herrlicher Duft das Haus. In Reih und Glied standen die Kuchen auf einem langen Tisch. Ihr Anblick erfüllte die gute Frau mit Stolz und Freude.

Da klopfte es plötzlich an die Tür. Vor der Tür stand ein fremdes Kind und schaute sie bittend an. „Gibst du mir einen Kuchen?", fragte es.

Aber es reute die gute Frau, einen Kuchen jetzt schon wegzugeben. „Wo denkst du hin!", sagte sie, „Weihnachten ist erst in einer Woche!"

„Weihnachten ist heute", sagte das Kind.

Doch die gute Frau dachte nichts anderes, als daran, dass das Kind mit einer List einen ihrer Kuchen ergattern wolle. Sie wies ihm streng die Tür.

Am Heiligabend packte sie die Kuchen ein. Aber als sie damit in die Kirche kam, sah sie den Pfarrer und den Küster aufgeregt vor der Krippe stehen. Sie war leer.

Da erinnerte sich die Frau an das fremde Kind und erschrak. Sollte es das Christkind gewesen sein?

Ein afrikanisches Märchen

Eine große Trockenheit war über das Land gekommen. Zuerst war das Gras braun und grau geworden. Dann starben Büsche und kleinere Bäume. Kein Regen fiel. Der Morgen erwachte ohne die Erfrischung des Taus.

Die Tiere waren in großer Anzahl verdurstet, denn nur wenige hatten noch die Kraft gehabt, aus dieser Wüste zu fliehen.

Die Trockenheit dauerte an. Selbst die stärksten und ältesten Bäume, deren Wurzeln bis tief in die Erde reichten, verloren ihre Blätter. Alle Brunnen und Flüsse, alle Quellen und Bäche waren vertrocknet.

Nur eine einzige Blume war am Leben geblieben, denn eine ganz kleine Quelle gab noch ein paar Tropfen Wasser. Doch die Quelle war am Verzweifeln: „Alles vertrocknet und verdurstet und stirbt. Ich kann doch daran nichts mehr ändern. Wozu soll es noch sinnvoll sein, dass ich die paar Tropfen aus der Erde hole und auf den Boden fallen lasse?"

Ein alter Baum stand in der Nähe. Er hörte die Klage und sagte zu der Quelle, bevor er starb: „Niemand erwartet von dir, die ganze Wüste zum Grünen zu bringen. Deine Aufgabe ist es, einer Blume Leben zu geben. Mehr nicht."

Die drei Söhne

Leo N. Tolstoj

Drei Frauen wollten Wasser holen am Brunnen. Nicht weit davon saß ein alter Mann auf einer Bank und hörte zu, wie die Frauen ihre Söhne lobten.

„Mein Sohn", sagte die erste, „ist so geschickt, dass er alle hinter sich lässt."

„Mein Sohn", sagte die zweite, „singt so schön wie eine Nachtigall! Es gibt keinen, der eine so schöne Stimme hat wie er."

„Und warum lobst du deinen Sohn nicht?", fragten sie die dritte, als sie schwieg.

„Er hat nichts, was ich loben könnte", entgegnete sie. „Mein Sohn ist nur ein gewöhnlicher Knabe, er hat nichts Besonderes an sich."

Die Frauen füllten ihre Eimer und gingen heim. Der alte Mann ging langsam hinter ihnen her. Die Eimer waren schwer und die abgearbeiteten Hände schwach. Deshalb machten die Frauen eine Ruhepause, denn der Rücken tat ihnen weh.

Da kamen ihnen drei Jungen entgegen.

Der erste stellte sich auf die Hände und schlug Rad um Rad.

Die Frauen riefen: „Welch ein geschickter Junge!"

Der zweite sang so herrlich wie die Nachtigall und die Frauen lauschten andachtsvoll und mit Tränen in den Augen.

Der dritte Junge lief zu seiner Mutter, hob die Eimer auf und trug sie heim.

Da fragten die Frauen den alten Mann: „Was sagst du zu unseren Söhnen?"

„Wo sind eure Söhne?", fragte der alte Mann verwundert. „Ich sah nur einen einzigen Sohn!"

Miteinander spielen

Caspar Faber

In der Häuserzeile, in die Renate mit ihren Eltern gezogen
ist, gibt es ziemlich viele Kinder. Am liebsten möchte Renate mit dem großen Mädchen spielen, das im hinteren
Eckhaus wohnt. Sie heißt Almut.
Almut kann etwas Schönes: Sie kann Ball spielen,
während sie läuft. Sie läuft auf dem Steinplattenweg die
Häuserzeile entlang und dabei wirft sie den Ball vor sich
auf den Boden und fängt ihn wieder. Immerzu, ganz
gleichmäßig.
Renate möchte das auch lernen. Aber entweder wirft sie
den Ball zu steil, dann ist sie, wenn er vom Boden hoch-
kommt, schon an ihm vorbeigelaufen. Oder sie wirft ihn
zu schräg, dann kann sie ihn nicht einholen. Oder sie
wirft ihn zu stark oder zu schwach, dann muss sie springen oder sich bücken, um ihn zu fangen. Kann man das,
während man läuft?

Einmal kommt Almut des Weges und sieht, wie Renate
sich plagt. Sie fragt: „Soll ich's dir mal zeigen?"
Renate nickt. Sie hält Almut den Ball hin. Aber Almut hält
ihr die Schultasche entgegen. Sie kann jetzt nicht. „Heute Nachmittag", sagt sie. „Oder nein, da geht's auch
nicht. Also: morgen Nachmittag."

Renate erzählt der Mutter von Almut, sie erzählt dem Vater von Almut, sie träumt von Almut.

Aber am nächsten Tag hat die große Almut die kleine Renate vergessen. Sie hat neue Schulkameraden und neue Schulfächer, sie hat viel zu tun. Auch Renates Eltern haben viel zu tun. Und Renate sagt nichts.
Manchmal sieht sie Almut. Dann geht sie ihr aus dem Weg.

Ein kleiner Bub spielt im Sandkasten Kuchenbacken. Er bringt keine richtigen Kuchen zustande, er presst den Sand nicht fest genug in das Förmchen oder der Sand ist zu trocken.
Da kommt ein Mädchen des Weges und fragt ihn: „Soll ich's dir mal zeigen?"
Der kleine Bub nickt und das Mädchen setzt sich zu ihm und zeigt ihm, wie man Sandkuchen backt.

Und am nächsten Tag bauen sie miteinander einen Sandberg mit vielen Tunnels und mit einer Taubenfeder als Fahne obendrauf.
Vielleicht ist das Mädchen Renate. Das wäre doch schön.

Du kannst es

Sonja Matthes

Ewald möchte gerne Fahrradfahren lernen. Seine beiden großen Brüder haben ein Rad. Er möchte mit ihnen fahren können. Ewald fragt: „Bringt ihr's mir bei?"
An einem der Räder stellen sie den Sattel tiefer.
„Komm, steig auf! Einer von uns hält hinten am Sattel und du fährst. Es ist einfach. Du musst nur mit den Händen lenken, mit den Füßen treten und mit den Augen sehen, wohin du fährst."
Abwechselnd laufen die Brüder mit und halten das Rad, während Ewald versucht, die Lenkstange gerade zu halten und die Füße auf den Pedalen zu bewegen. Noch schaut er meistens hinunter und sieht seinen Beinen zu. Die Brüder müssen ihn bremsen, damit er nicht gegen Bäume fährt.
Dann wird Ewald sicherer. Die Fahrt wird schneller. Er sieht geradeaus. Die Brüder kommen ins Schnaufen.
Ewald sagt: „Ich habe immer noch Angst. Ich lerne es nie."
„Aber du kannst es doch schon!"
„Nein, es geht nur, wenn ihr den Sattel haltet."
Da lachen beide Brüder: „Wir halten ja gar nicht mehr. Du fährst schon eine ganze Weile allein."
„Aber ihr lauft doch immer mit."
„Das haben wir nur getan, damit du keine Angst hast."

Die Geschichte von der Wippe

Ursula Wölfel

Einmal ist der Vater mit dem kleinen Mädchen auf den Spielplatz gegangen. Da war eine Wippe und das kleine Mädchen wollte so gern einmal mit dem Vater wippen. Es hat sich auf die eine Seite von der Wippe gesetzt und der Vater hat sich auf die andere Seite von der Wippe gesetzt. Da war das kleine Mädchen ganz hoch oben und der Vater war ganz unten.

„Los! Los!", hat das kleine Mädchen gerufen.

Aber die Wippe konnte nicht wippen.

Das kleine Mädchen war doch so leicht und der Vater war so schwer. Der Junge mit der roten Zipfelmütze hat sich hinter das kleine Mädchen gesetzt.

Aber die Wippe konnte immer noch nicht wippen.

Das Mädchen mit den Zöpfen hat sich hinter den Jungen mit der roten Zipfelmütze gesetzt.

Aber die Wippe konnte immer noch nicht wippen.

Der Junge mit den langen blauen Hosen hat sich hinter das Mädchen mit den Zöpfen gesetzt.

Aber die Wippe konnte immer noch nicht wippen, die Kinder waren immer noch zu leicht.

Da hat das kleine Mädchen seinen Teddy auf den Schoß genommen – und auf einmal war der Vater ganz hoch oben und alle Kinder waren unten!

Jetzt konnte die Wippe endlich wippen: auf und ab und auf und ab und alle haben gelacht.

Vielleicht wird alles gut

Irina Korschunow

Ich heiße Lena. Ich bin ziemlich schlecht in der Schule. Beim letzten Diktat hatte ich achtzehn Fehler.

„Achtzehn Fehler, Lena!", hat Frau Kammer gesagt. „Du musst dich mehr anstrengen, sonst wirst du nicht versetzt."

Ich habe einen großen Schreck bekommen. Ich will nicht sitzen bleiben! Ich will in keine andere Klasse gehen! Ich mag Frau Kammer gern. Und ich möchte weiter neben Regine Öhme sitzen, so wie jetzt.

„Bitte doch deine Mutter, dass sie jeden Tag mit dir lernt", hat Frau Kammer noch gesagt. „Dann wird es schon werden."

Aber meine Mutter kann nicht mit mir lernen. Sie geht nachmittags arbeiten. Ich bin die Älteste, ich muss aufräumen und einkaufen. Um vier kommt mein Vater, der schimpft so viel. Er stellt gleich den Fernseher an und meine Geschwister toben herum. Und dabei soll ich Schularbeiten machen! Mein Bett steht im Wohnzimmer und meistens kann ich nicht einschlafen, weil der Fernseher läuft.

Als die Schule aus war, wollte ich am liebsten mit keinem reden. Doch Regine kam hinter mir hergerannt.

„Sei doch nicht so traurig", sagte sie. „Ich habe auch elf Fehler. Aber meine Mutter diktiert mir jetzt jeden Tag

eine Seite, das hilft bestimmt. Das musst du auch machen."
Plötzlich bin ich wütend geworden. „Halt doch die Klappe!", habe ich sie angebrüllt und dann musste ich heulen. Regine ist neben mir stehen geblieben.
„Was ist denn los?", hat sie immer wieder gefragt. Da habe ich ihr alles erzählt. Sie hat zugehört und nichts mehr gesagt. Kein Wort. Nicht mal auf Wiedersehen.
Zu Hause stand ein Haufen Geschirr herum, das musste ich abwaschen. Danach bin ich auf die Straße gegangen. Schularbeiten habe ich nicht gemacht. Ich habe mich auf die Treppenstufen gesetzt und gedacht: Es hat ja doch keinen Zweck.
Auf einmal stand Regine neben mir.
„Tag, Lena", sagte sie. „Ich will dich abholen."
„Warum denn?", fragte ich.
„Du sollst mit zu uns kommen", sagte sie. „Dann können wir zusammen mit meiner Mutter Diktat üben."
„Warum denn?", fragte ich wieder und da sagte Regine: „Weil du versetzt werden sollst. Ich möchte gern mit dir in einer Klasse bleiben."
Wirklich, das hat sie gesagt. Genauso! Zuerst wollte ich es nicht glauben. Aber dann bin ich mit zu ihr gegangen. Und vielleicht wird jetzt alles gut.

Mule kann Schuhbänder binden

Hanna Hanisch

Auf der anderen Seite von Mules Haus wohnt Frau Weigel. Sie muss sich auf einen Stock stützen und hohe Schnürstiefel tragen. Weil sie schwache Beine hat und keine Kraft in den Füßen. Sie geht jeden Tag auf dem Fußweg hin und her. Manchmal hängen die Schnürbänder der Stiefel lose herab.

Frau Weigel bittet die Leute, ihr die Bänder festzubinden. Sie möchte sich gern ein bisschen mit diesen Leuten unterhalten. Aber keiner hat Zeit. Schnell laufen sie weiter.

„Sie ist nicht ganz dicht", sagen die großen Jungen auf der Straße.

Auch der Großvater hat Frau Weigel schon oft die Bänder zugeschnürt. Gestern hat Mule ihn ausgelacht: „Großvater, du hast einen Reiter gebunden! Die Schleifen stehen von oben nach unten. Sie müssen von rechts nach links stehen, sonst ist das ein Reiter."

„Mach es doch selbst, wenn du es besser kannst", knurrt der Großvater.

Da bindet Mule flink und schnell die Schnürbänder von Frau Weigels Stiefeln. Fest zieht sie die Schleifen an.

„Was für geschickte Finger du hast!", staunt Frau Weigel.

Das hört Mule gern. Später fragt sie den Großvater:
„Warum ist Frau Weigel nicht ganz dicht?"
Der Großvater bekommt eine strenge Falte über der Nase: „Dummes Zeug! Sie ist, wie sie ist. Früher war sie eine lustige Frau."
„Ich habe gesehen, dass sie die Schnürbänder aufgezogen hat", sagt Mule. „Als sie aus dem Haus gekommen ist, waren sie zugebunden."

Am anderen Morgen geht Mule in den Kindergarten. Frau Weigel läuft vor ihrem Haus hin und her.
„Guten Morgen", ruft Mule. „Sie brauchen heute die Schnürbänder nicht aufzuziehen. Ich unterhalte mich trotzdem mit Ihnen."
„Kluges Kind!", sagt Frau Weigel.
Eine Weile reden und lachen sie zusammen. Dann fällt Mule ein, dass Frau Weigel nun nicht mehr sagen wird, Mule hat geschickte Finger. Sie bückt sich, zieht mit schnellen Fingern die Schleifen auf und bindet sie neu. Ganz fest.
Frau Weigel lacht.
Mule rennt davon. Die Brottasche hüpft auf ihrem Bauch.

Warum Opa und Tom über junge und alte Bäume sprechen

Heidi Glade-Hassenmüller

Zweimal musste Thomas an die Tür klopfen, ehe Opa antwortete. Opa saß in seinem Ohrensessel und sah zum Fenster hinaus.

„Bist du krank, Opa?"

„Mmm", brummelte Opa. „Weiß nicht."

Opa schwieg und sah nach draußen zu den jungen Birken. Zartgrüne Blätter reckten sich in die Sonne.

„Wenn du mich mit den Bäumen da draußen vergleichst, so bin ich eine alte knorrige Birke, die verpflanzt wurde. Du weißt, dass es ganz und gar mein Wunsch war, hierher nach ›Marienhöhe‹ zu ziehen. Aber jetzt habe ich Schwierigkeiten, hier Wurzeln zu schlagen."

Thomas nickte weise. „Das habe ich dir doch gleich gesagt, du passt nicht zwischen all die alten Leute. Am besten, du kommst wieder zu uns, in dein altes Zimmer."

Opa drückte Thomas fest die Hand. „Du bist die beste Medizin für mich, Tom. Du kannst mir helfen, hier Wurzeln zu schlagen. Weißt du, Tom, deine Besuche tun mir sehr gut."

Draußen begann es leicht zu regnen, obwohl die Sonne schien.

Opa lächelte Tom verschmitzt zu. „Ein Besuch von dir ist für mich wie ein milder Mairegen. Da wird der Boden weich und nachgiebig und meine Wurzeln können sich fest verankern."

Entschlossen stand Opa auf. „Wir könnten den alten Hermann besuchen. Der bekommt fast nie Besuch. Einverstanden, Tom?"

Thomas nickte. Er war froh, dass Opa nicht mehr so traurig zum Fenster hinaussah. Er wollte ihm helfen, in ›Marienhöhe‹ Wurzeln zu schlagen. Ein komischer Ausdruck. Darüber musste Thomas lachen.

„So ist es recht, Tom. Wir wollen keine Trübsal blasen. Und Mami erzählst du nichts von unserem Gespräch. Weißt du, sie würde sich nur Gedanken machen."

Bruder Jan

Antje Burger

Mein Bruder Jan ist Schwester. Eigentlich ist er Zivi. Er macht seinen Zivildienst und arbeitet in einem Krankenhaus wie eine Krankenschwester. Er bringt den Patienten das Essen, füttert die Schwerkranken, die nicht allein essen können, macht die Betten, wäscht die Kranken, gibt auch mal eine Spritze und ›schwenkt die Nachttöpfe‹, wie er sich ausdrückt.

Am liebsten unterhält er sich mit den Patienten. Die freuen sich natürlich, denn meistens haben die Schwestern dazu keine Zeit. Jan ist, glaube ich, sehr beliebt bei den Kranken und auch bei den Schwestern. Alle sagen Jan zu ihm, auch die Patienten. Eigentlich müssten sie ihn doch Bruder Jan nennen, denn die Schwestern heißen Schwester Brigitte, Schwester Helga oder Schwester Annemarie.

Jan sagt nie ›Oma‹ und ›du‹ zu den alten Patientinnen, sondern spricht sie mit ihrem Namen an und sagt ›Sie‹.

„Ich habe eine eigene liebe Oma", sagt er, „und alte Leute muss man höflich behandeln, gerade wenn sie krank und hilfsbedürftig sind."
Eine alte Frau möchte immer, dass er den Arm um sie legt, sie stützt und füttert. Eigentlich könnte sie noch allein essen, aber in seiner Gesellschaft macht es ihr mehr Spaß. Wenn er Zeit hat, hilft er ihr gern. Dann strahlt sie ihn an.
Eine andere Patientin, die manchmal ein bisschen wirr im Kopf ist, ruft immer laut nach ihm. „Jan, Jan!", schallt es durch die Gänge. Überall auf der Station kann man das Rufen hören und alle ziehen Jan mit seiner Verehrerin auf. Am Wochenende ist Jan zu Hause und erzählt von der alten Frau, die ihn immer ruft. Ich sage: „Vielleicht hat sie am Montag deinen Namen wieder vergessen."
Aber am Montag hat die Kranke Jans Namen nicht vergessen und ruft weiter nach ihm.

Parkgeschichte

Gina Ruck-Pauquèt

Hier und da lag noch ein bisschen Schnee im Park. Aber die Knospen an den Sträuchern waren auch schon da. Und in den Knospen waren die Blüten und die Blätter für den Frühling.

Schaschi lief so rum und schaute sich die Leute an. Die Jungen, die Ball spielten, die Mütter mit den Kinderwagen und die Hunde.

Auf der Wiese am Teich stand eine alte Frau mit einer komischen grünen Strickmütze. Sie hatte eine große Tüte mit Brot in der Hand und fütterte die Enten.

Ein Mädchen mit einem Baby blieb stehen.

„Na?", sagte die alte Frau zu dem Baby und lächelte dem Mädchen zu. Aber das Mädchen antwortete nicht und das Baby natürlich auch nicht. Und dann waren sie auch schon wieder fort.

Jetzt kam ein Mann mit einem Dackel daher.

„So ein schönes Hündchen", sagte die alte Frau zu dem Mann.

Der Mann grinste ganz schnell, dann ging er weiter. Und den Dackel zog er mit.

Keiner wollte sich mit der alten Frau unterhalten. Jetzt

blickte sie Schaschi an und lächelte. Dann griff sie wieder in die Brottüte und warf den Enten Krumen zu. Schaschi hätte auch gern gefüttert. Aber sie hatte nichts.

„Da!", sagte die alte Frau und hielt Schaschi eine Handvoll Brotstückchen hin.

„Danke", sagte Schaschi.

„Ich hab auch einmal ein Kind gehabt", sagte die alte Frau. „Es war winzig klein. Jetzt ist es groß."

„Wo ist das Kind?", fragte Schaschi.

„Fort", sagte die alte Frau. „Siehst du die Ente mit dem schwarzen Häubchen? Die kennt mich schon."

„Ja", sagte Schaschi.

„Ich hab auch mal einen Hund gehabt", sagte die alte Frau. „Der hieß Emil Tintenfisch."

Schaschi lachte. Es machte Spaß, mit der alten Frau zu reden. Schaschi hatte nämlich keine Oma und jetzt war es auf einmal so, als ob sie doch eine Oma hätte.

Sie sprachen über Menschen und Hunde und Enten und Schwäne und über sich selber auch ein bisschen. Und dabei verfütterten sie die Brotkrumen, bis die große Tüte leer war.

Wie alt bist du?

Max Bolliger

Lukas geht in den Kindergarten. Er ist sechs Jahre alt.
„Und wie alt bist du?", fragt Lukas die Mutter.
„Zweiunddreißig", sagt sie.
„Und der Vater?"
„Er ist vier Jahre älter als ich!"

„Ihr seid alt", sagt Lukas, „sehr alt."
Die Mutter lacht.
„Oma und Opa sind noch älter. Und einmal wirst auch
du so alt sein wie Vater und ich, wie Oma und Opa."

Lukas versucht sich das vorzustellen. Er braucht seine
Finger. Er braucht seine Zehen. Und das ist immer noch
nicht genug. Er holt die Kieselsteine, die er am Seeufer
gefunden hat. Er legt sie in eine Reihe. Sie sind rund und
glatt, wie Murmeln.
„Sie sind älter als wir alle zusammen", sagt die Mutter,
„die Zeit hat sie geschliffen, sie sind Tausende von Jahren alt."

Lukas nimmt sie in die Hand. Sie fühlen sich gut an, wie
neu.

Der alte Großvater

Brüder Grimm

Es war einmal ein steinalter Mann, dem waren die Augen trüb geworden, die Ohren taub und die Knie zitterten ihm. Wenn er nun bei Tische saß und den Löffel kaum halten konnte, schüttete er Suppe auf das Tischtuch und es floss ihm auch etwas wieder aus dem Mund.

Sein Sohn und dessen Frau ekelten sich davor und deswegen musste sich der alte Großvater endlich hinter den Ofen in die Ecke setzen und sie gaben ihm sein Essen in ein irdenes Schüsselchen und noch dazu nicht einmal satt; da sah er betrübt nach dem Tisch, und die Augen wurden ihm nass.

Einmal auch konnten seine zitterigen Hände das Schüsselchen nicht festhalten, es fiel zur Erde und zerbrach. Die junge Frau schalt, er sagte aber nichts und seufzte nur. Da kaufte sie ihm ein hölzernes Schüsselchen für ein paar Heller, daraus musste er nun essen.

Wie sie da sitzen, so trägt der kleine Enkel von vier Jahren auf der Erde kleine Brettlein zusammen.

„Was machst du da?", fragte der Vater.

„Ich mache ein Tröglein", antwortete das Kind, „daraus sollen Vater und Mutter essen, wenn ich groß bin."

Da sahen sich Mann und Frau eine Weile an, fingen endlich an zu weinen, holten den alten Großvater an den Tisch und ließen ihn von nun an immer mitessen, sagten auch nichts, wenn er ein wenig verschüttete.

132

Die hat's gut

Susanne Kilian

Die junge Frau ist auf dem Weg zum Kindergarten. Sie zerrt ein kleines, quengeliges Mädchen neben sich her. Das stolpert und fällt hin, genau vor der alten Frau, die auf einer Bank an der Bushaltestelle sitzt.
„Entschuldigung", murmelt die junge Frau.
„Schon gut! Mir ist nichts geschehen. Hat das Kleine sich wehgetan?", fragt die alte Frau. Dabei sehen sie sich an.

Einen Augenblick lang … Und die junge Frau denkt:
„Die hat's gut! Sitzt auf der Bank da, hat Zeit in Hülle und Fülle. Genau das, was mir fehlt. Hat auch keine quengelige Tochter in den Kindergarten zu zerren. Dabei hab ich's so eilig. Was ich heute noch alles machen muss! Wenn ich deren Zeit mal hätte! Und heute Abend kommt Besuch, da muss ich was kochen. Hätte ich beinah ver-

gessen. Das wird dann heute Abend sicher wieder spät. Dabei bin ich jetzt schon müde. Die alte Frau kann so früh schlafen gehn, wie sie will. Und ausschlafen kann sie auch. Ist ungerecht verteilt manchmal, wirklich."

Und die alte Frau denkt:
„Die hat's gut! Hat wenigstens was zu tun den lieben langen Tag. Ich vertreibe mir ja bloß noch die Zeit. Wenn ich noch mal so jung wäre … Wie flink die laufen kann! Und das süße, kleine Mädchen da. Mit der jungen Frau würde ich gerne mal tauschen. Sie sicher nicht mit mir, kann ich verstehen. Ich hätte gern mal wieder einen Tag vor mir, randvoll mit Sachen, die zu erledigen sind. Betrieb, Geschäftigkeit, Leben! Mittendrin möchte ich noch mal sein. Nicht so an den Rand geschoben, auf der Bank hier, immer bloß zusehn."

Katinka

Renate Schupp

Nach den Herbstferien kommt eine Neue in Miriams Klasse. Sie heißt Katinka, hat zwei dicke blonde Zöpfe und wenn sie redet, klingt es irgendwie sonderbar.

In der Pause stellt sich Miriam zu Katinka und lächelt sie an.

Katinka hat einen dicken Apfel dabei. Sie hält ihn Miriam hin und sagt: „Willst beißen?"

Seitdem sind sie Freundinnen.

Nach der Schule steht Miriams Mutter meistens mit dem Auto da und holt Miriam ab. Katinka wird von ihrer Oma abgeholt.

„Warum kommt eigentlich nie deine Mama mit dem Auto?", fragt Miriam.

„Weil – hat kein Auto", antwortet Katinka.

„Und dein Papa?"

„Hat auch nicht!"

Kein Auto? Das geht doch gar nicht, denkt Miriam.

„Da könnt ihr ja nie wegfahren!", ruft sie erschrocken aus.

„Doch, mit Bus", erwidert Katinka.

In der Zeichenstunde malt Miriam ein Auto für Katinka – ein großes Auto, denn es müssen viele Leute hineinpassen. Vater, Mutter, Großmutter, zwei große Brüder und natürlich Katinka.

Das Bild schenkt sie Katinka. „Für dich!", sagt sie. „Das kannst du in deinem Zimmer aufhängen."

„Danke!" Katinka betrachtet das Bild und freut sich. Dann sagt sie: „Aber hab ich kein Zimmer. Haben wir nur ein Zimmer für alle."

„Was?" Miriam schaut Katinka ungläubig an.

Katinka beruhigt sie: „Ist großes Zimmer", erklärt sie.

„Schlaft ihr da auch?", fragt Miriam. Und als Katinka nickt, rechnet sie und sagt: „Dann stehen da ja sechs Betten drin!"

Katinka lacht: „Nicht sechs, nur drei: eins für Papa und Mama, eins für die Brüder, eins für Großmütterchen und mich."

Jetzt weiß Miriam nicht mehr, was sie sagen soll. Das Haus, in dem sie allein mit Mama und Papa wohnt, hat fünf Zimmer. Und Katinka hat nicht mal ein Bett für sich allein! „Seid ihr denn arm?", fragt sie.

Katinka denkt nach. „Weiß nicht, ob arm." Dann packt sie ihren Apfel aus, hält ihn Miriam hin und fragt: „Willst beißen?"

Der glückliche Schuster

Jean de la Fontaine

Es war ein armer Schuster, der war so glücklich, dass er von morgens bis abends sang. Viele Kinder standen vor seinem Fenster und hörten ihm zu.

Neben dem Schuster lebte ein sehr reicher Mann. Der zählte die ganze Nacht seine Goldstücke. Tagsüber konnte er nicht schlafen, weil er den Schuster singen hörte.

Eines Tages lud er den Schuster ein und schenkte ihm einen Beutel voll Goldstücke. Nie in seinem Leben hatte der Schuster so viel Geld gesehen. Es war so viel, dass er Angst hatte, es aus den Augen zu lassen. Darum nahm er es mit ins Bett. Auch dort musste er immer an das Geld denken und konnte nicht einschlafen. So trug er den Beutel auf den Dachboden. Früh am Morgen holte er ihn wieder herunter, denn er hatte beschlossen, ihn im Kamin zu verstecken.

„Ich bringe das Geld ins Hühnerhaus", dachte er etwas später.
Aber damit war er auch noch nicht zufrieden.

Nach einer Weile grub er ein tiefes Loch im Garten und legte den Beutel hinein.

Zum Arbeiten kam er gar nicht mehr. Und singen konnte er auch nicht mehr. Und, was am schlimmsten war, die Kinder kamen ihn nicht mehr besuchen.

Zuletzt war er so unglücklich, dass er den Beutel wieder ausgrub und damit zu seinem Nachbarn lief. „Bitte, nimm dein Geld zurück", sagte er. „Die Sorge darum macht mich ganz krank."

So wurde der Schuster bald wieder genauso vergnügt wie zuvor und sang und arbeitete den ganzen Tag.

Das reiche Kind

Gina Ruck-Pauquèt

Der Kasimir kriegte so ziemlich alles, was er wollte.
„Ich will einen ferngesteuerten Hubschrauber", sagte der Kasimir.
Der Vater kaufte dem Kasimir einen ferngesteuerten Hubschrauber.
„Ich will eine gestreifte Trommel", sagte der Kasimir wenig später.
Die Mutter kaufte dem Kasimir eine gestreifte Trommel.
„Ich will ein U-Boot mit Funk", sagte der Kasimir nach einer Woche.
Der Vater kaufte dem Kasimir ein U-Boot mit Funk.
„Ich will ein Polizeiauto", sagte der Kasimir.
Die Mutter kaufte dem Kasimir ein Polizeiauto.
„Ich will eine blaue Tankstelle", sagte der Kasimir.
Der Vater seufzte und kaufte dem Kasimir eine blaue Tankstelle.
„Ich will ein Indianerzelt", sagte der Kasimir.
Die Mutter seufzte auch und kaufte dem Kasimir ein Indianerzelt. Doch dann wollte der Kasimir wieder was.
Und damit fingen die Schwierigkeiten an.

„Ich will einen Plüschbär, der ›miau‹ sagt", sagte der Kasimir.

„Den gibt es nicht", sagte der Vater gleich.

Weil aber Kasimir darauf bestand, liefen die Eltern in der Stadt herum und suchten nach einem Plüschbären, der ›miau‹ sagt.

„Es gibt keinen Plüschbären, der ›miau‹ sagt", sagte die Mutter.

Der Kasimir jedoch wollte nichts auf der Welt als nur diesen Bären. Da fuhren die Eltern in die Nachbarstädte. Aber sie kamen mit leeren Händen zurück.

„Es gibt keinen Plüschbären, der ›miau‹ sagt", sagten sie. „Spiel mit etwas anderem. Du hast doch so vieles."

Der Kasimir war lange still. Dann nahm er den ferngesteuerten Hubschrauber und warf ihn zum Fenster hinaus. Er warf die gestreifte Trommel zum Fenster hinaus, das U-Boot, das Polizeiauto, die Tankstelle und das Indianerzelt.

Und als er das getan hatte, setzte er sich auf den Boden und weinte.

Überfluss und Hungersnot

Josef Reding

Morgens Milch mit Haferflocken.
Mittags Fleisch in dicken Brocken.
Abends Speck und Spiegelei:
Mancher von uns isst für drei.

Morgens nur die Luft zum Kauen.
Mittags gar nichts zu verdauen.
Abends wilder Traum vom Brot:
Viele leiden Hungersnot.

Hungersnot und Überfluss!
Weißt du, was man machen muss?

Pausenbrot

Christine Nöstlinger

Wenn der dünne Franz sein Pausenbrot nicht aufisst, sondern in der Schultasche vergammeln lässt, und seine Mutter das sieht, dann sagt sie: „Schäm dich! In Afrika verhungern die Kinder!"

Wenn der dicke Franz unbedingt ein viertes Pausenbrot in die Schule mitnehmen will, dann sagt seine Mutter: „Schäm dich! In Afrika verhungern die Kinder!"

Der dünne Franz und der dicke Franz nehmen sich das sehr zu Herzen und schämen sich gar arg. Tapfer würgt der dünne Franz nun sein Pausenbrot hinunter, tapfer versagt sich der dicke Franz ein viertes Pausenbrot.

Aber deswegen wird in Afrika kein Kind vor dem Verhungern gerettet.

Das Kind in der Pfütze

Friderun Krautwurm

Auf der Straße liegt ein Stück alte Zeitung. Da ist ein Bild drauf.

„Oh, guck mal, Karin!", sagt Markus. „Ist das da nicht ein schwarzes Kind?"

„Ih, lass doch!", ruft Karin. „Das liegt ja halb in der Pfütze."

Aber Markus hat schon einen Stock geholt und angelt das Papier aus dem Schmutzwasser. Guck, nun sind es sogar zwei Kinder, die er herausgefischt hat.

Aber was ist das? Wie sehen die denn aus? So dünn, oh, so dünn! Fast wie Leute, die schon tot sind. Ihre Arme und Beine scheinen zerbrechlich wie Streichhölzer. Nur die kleinen Bäuche sind ganz dick.

„Mensch, Karin, was ist denn das?", fragt Markus. „Lies mal vor. Da steht doch was drunter."

Aber die Schrift ist voller Schmutz. Karin kann das nicht lesen.

Sie laufen zur Mutter.

„Du, Mutter, was ist das?"

Die Mutter weiß es. Sie hat schon davon gehört. Ja, solche Kinder gibt's wirklich. Eine ganze Menge sogar. Und manche sind schon gestorben vor Hunger. Es hat so lange nicht geregnet in der Gegend in Afrika, wo sie wohnen.

Da sagt Markus, er will drei Tage gar nichts essen und dann soll Mutter das alles nach Afrika schicken.

„Hm", meint die Mutter, „so einfach geht das nicht. Aber ich werd's mir überlegen."

An diesem Abend isst die Familie nur trockenes Brot. Das Geld, das sie dadurch gespart haben, darf Timmi in eine leere Kaffeedose tun. Es klappert ordentlich.

„Wie viel Essen kann man dafür wohl in Afrika kaufen?", fragt Karin. Keiner weiß das so recht.

„Na, jedenfalls sind wir sechs", meint Tina. „Dann müsste das für die Zwei auf dem Bild doch drei Mahlzeiten geben, schätze ich."

Ja, das könnte wohl sein. Sehr viel ist's nicht; aber doch wenigstens ein bisschen.

„Ein Anfang", sagt Vater. „Mehr nicht."

Die Brote von Stein

Nach Wilhelm Matthießen

Da ist einmal eine sehr arme Frau gewesen, die hatte drei Kinder. Und eine sehr reiche Frau, die hatte auch drei Kinder. Aber die reiche Frau war so geizig, nie hat sie der armen etwas abgeben wollen.

Nun hatte die arme Frau wieder einmal kein Brot für ihre drei Kinder. Und die Kinder hatten so großen Hunger. Da ist die arme Frau zu der reichen gegangen und hat gesagt: „Bitte, gib mir doch ein Brot für meine armen Kinder! Die hungern gar so sehr!"

„Ich habe selber kein Brot", sagte die reiche Frau, „wie soll ich dir denn etwas geben?"

„Ach", sagte die Arme, „du bist doch so reich. Gewiss hast du ein bisschen Brot im Schrank."

„Nein", sagte die Reiche, „wenn ich auch bloß ein Stückchen habe, dann soll der liebe Gott es mir in Stein verwandeln!"

Da ist die arme Frau weggegangen und hat geweint. Und die reiche Frau sagte zu ihren Kindern: „So, jetzt will ich euch mal ein feines Butterbrot machen."

Und sie ging an den Schrank und wollte ein Brot herausholen. Aber da sind alle Brote im Schrank Steine gewesen.

„Das schadet nichts", sagte die reiche Frau. Sie gab den Kindern Geld und einen Korb und sagte: „Geht zum Bäcker, Kinder, und holt drei neue Brote!"
Da sind die Kinder gegangen, aber es hat sehr lange gedauert, bis sie wiedergekommen sind.
„Warum seid ihr so lange geblieben, Kinder?", fragte die reiche Frau.
„Mutter", sagten die Kinder, „der Korb mit den Broten war so entsetzlich schwer."
Da machte die reiche Frau den Korb auf – ja, und da waren auch diese Brote in Stein verwandelt.
Hat sie da einen Schreck bekommen!
Gleich ist sie zum Bäcker gelaufen und hat Brot und Kuchen gekauft für die arme Frau. Und Mehl und Fleisch und Butter hat sie ihr auch mitgebracht.
„Frau", sagte sie, „jetzt will ich nie mehr geizig sein! All mein Brot hat der liebe Gott in Stein verwandelt. Wenn es doch nur wieder Brot würde, dass meine Kinder essen könnten!"
Und dann ist sie nach Hause gegangen, die reiche Frau.
Und siehe da, alle Steine sind wieder Brot gewesen.
Aber nun ist die Frau gut zu den armen Leuten gewesen.

Gestern –
heute –
morgen

Die Oma-Geschichte

Iris Salzmann · Heide Heinz

„Ach, du liebe Zeit!", sagt Oma zu Axel. „Die Küchenuhr ist ja stehen geblieben. Halt mal ein Momentchen
das Mehlsieb."
Sie läuft zum Fenster und schaut zur Uhr auf dem Marktplatz hinüber.
„Die Küchenuhr ist wohl kaputt", meint Axel. „Jetzt steht
die Zeit still."
„Nein, nein." Oma schüttelt den Kopf. „Die Zeit steht
nie still. Ein Augenblick nach dem anderen vergeht, ohne dass wir es merken. Und die Welt verändert sich. Du
wirst größer, ich werde immer älter. Immer passiert irgendetwas."
Da rollt ein Ei vom Tisch.
„Siehst du, einen Augenblick nicht aufgepasst – und
schon ist was passiert."
„Zum Glück nichts Schlimmes", sagt Axel und wischt
auf. Dann schüttelt er wieder heftig das Mehl durchs
Sieb. „Und wann ist der Kuchen fertig?"
„Nicht so bald", antwortet Oma. „Alles braucht seine
Zeit. Der Kuchen braucht neunzig Minuten im Back-
ofen."

„Das ist ja so lange wie ein Fußballspiel. Eine Halbzeit und noch eine Halbzeit", sagt Axel. „Oder wie zwei Schulstunden ohne Pause."

Oma nickt. „Wenn der Opa kommt, ist der Kuchen fertig."

„Woher weiß das denn der Opa? Er hat seine Uhr auf dem Tisch liegen gelassen."

„Das macht er immer so." Oma lacht. „Beim Angeln sind die Fische seine Uhr. Wenn er vier oder fünf gefangen hat, ist es Zeit für ihn, nach Hause zu kommen."

„Ich brauche auch keine richtige Uhr." Axel guckt die Oma an. „Ich habe eine Blumenkohl-Uhr. Wenn der Gemüsemann drüben die Obstkästen vor seinen Laden stellt, ist es kurz vor acht. Dann muss ich zur Schule. Und wenn mein Magen knurrt, ist es Mittag."

Da geht die Tür auf. Opa ist gekommen. Er hält einen prächtigen Fisch in die Höhe.

„Deine Fisch-Uhr geht heute aber vor!", ruft Axel. „Der Kuchen ist noch nicht fertig."

„Eile mit Weile", sagt Opa gemütlich. „Angler haben immer Zeit."

Tempo, Tempo

Hans Stempel · Martin Ripkens

Es war einmal Junge, dem ging nichts schnell genug. Während er noch seine Suppe löffelte, verlangte er schon nach dem Pudding. Kaum war die Sonne untergegangen, wollte er den Mond sehen. Am ersten Schultag fragte er nach den Ferien. An Weihnachten freute er sich auf Ostern.

Von Büchern las er immer nur die letzte Seite, und weil er schneller sprach, als er denken konnte, hielten selbst seine Eltern ihn für einen echten Stotterer. In seiner Hast setzte er seine Füße so ungeschickt voreinander, dass er ständig stolperte. Und natürlich wünschte er sich nichts sehnlicher, als endlich erwachsen zu sein.

Da besuchte ihn eines Nachts im Traum ein Zauberer und sagte: „Ich mache dich erwachsen und schenke dir drei Wünsche obendrein, wenn du mir dafür fünfzig Jahre deines Lebens gibst."

Der Junge zögerte nicht einen Augenblick und sagte: „Reich will ich werden und mächtig und auch berühmt."

Uns so geschah es.

Doch als der reiche Mann in den Spiegel sah, da war er alt.
Und als der mächtige Mann in den Spiegel sah, da war er einsam.
Und als der berühmte Mann in den Spiegel sah, da war seine Stirn voller Sorgenfalten.

Da erschrak der Junge und schrie nach seiner Mutter.
Und die Mutter trat an sein Bett und legte ihre Hand auf seine Stirn.
Und der Junge wurde wach und sagte ganz langsam und deutlich: „Muss ich schon aufstehen oder habe ich noch Zeit?"

Von links nach schräg

Sonja Matthes

Der Krebs scherte am Sielufer hoch, kam schließlich die Böschung zur Straße herauf. Auf dem Pflaster wirkte sein Gang unbeholfen, ruckartig, als sei er krank. Ein Kind sah das Tier.

„Warte, du willst wohl hinüber, wieder ins Wasser. Ich helfe dir. Hier sind keine Zebrastreifen, für dich schon gar nicht. Die Autos fahren schnell hier draußen."

Das Kind bückte sich, streckte greifend die Hände vor. Aber der Krebs wollte keine Hilfe. Knarrend hob er die Zangen. Das Kind erschrak, konnte sich nicht überwinden, doch zuzufassen. Es musste auf den Straßenrand springen, da wieder Autos kamen.

„Lauf schnell!", rief es dem Krebs zu. Der aber, statt die kürzeste Strecke zu nehmen, kroch von links nach schräg. Wenn die Autos angebraust kamen, hob das Kind die Handflächen vor die Augen, wandte sich ab, horchte schon auf das Knacken, Zerquetschen. Unser Krebs stakste weiter, allen Regeln zum Trotz, im Zeitlupentempo, von links nach schräg.

Das Kind berechnete, wo das Tier wohl landen würde. Es könnte – dort am rechten Ufer, dem Wasser zu – nein, unmöglich, zu viele Autos. Bis dahin gab es doch den Krach, knack, aus.

Das Kind überlegte, wie viele Autos wohl schon vorübergebraust seien und zählte von nun an mit. Verkehrszählung zum Schutz eines Krebses. Nein, das half ihm auch nicht.

„So oft ein Auto dich nicht erwischt, hast du großes Glück gehabt. Du musst ein sehr lieber Krebs sein."

Der Krebs ließ sich durch nichts beirren, griff weiter aus wie eine aufgezogene Mondspinne im Spielzeugladen, bis es geschah. Da! – Zentimeter nur – Autoreifen. Straßenrand. Und – hinüber! Die jenseitige Böschung war erreicht, genau dort, wo das steil abfallende Ufer des Siels begann.

Das Kind ging heim.

„Und zu mir sagen sie immer, man muss schnell über die Straße gehen, sonst wird man überfahren."

Wo ist die Zeit

Jürgen Spohn

Wo ist die Zeit vom letzten Jahr,
als ich mit dir so fröhlich war?

Wo ist die Zeit vom vergangenen Tag,
wo ist die Zeit, die dazwischen lag?

Wo ist die Zeit, die man vergisst,
weil da nicht viel gewesen ist?

Wo ist die Zeit von morgen,
was hält sie mir verborgen?

Alle waren einmal klein

Rolf Krenzer

Ich schaue mir gern die alten Bilder von früher an, die in den dicken Fotoalben eingeklebt sind. Die Leute tragen schrecklich altmodische Kleider und Frisuren. Ich finde das sehr lustig ... aber auch interessant. Ich bin froh, dass ich heute leben darf. Früher wäre es für mich bestimmt sehr langweilig gewesen. Ohne Fernsehen! Ohne Pommes Frites! Ohne Kassettenrekorder!

Aber manchmal denke ich: Wie wird es sein, wenn ich selber einmal groß bin und Kinder habe? Wie wird es sein, wenn ich selbst Großvater bin? Manchmal bekomme ich dann richtig Herzklopfen.

Großwerden muss schön sein. Aber vor dem Altwerden graule ich mich.

Und vorher?

Gina Ruck-Pauquèt

„Erzähl mir was von der Oma", sagte Babsi.

„Die Oma ist tot", sagte der Vater. „Das weißt du doch."

„Aber vorher", sagte Babsi.

„Vorher war sie eine alte Frau. Sie hat auf einem Stuhl in der Sonne gesessen. Und wenn es regnete, saß sie am Fenster."

„Und vorher?", fragte Babsi.

„Vorher hat der Opa noch gelebt. Da hat die Oma jeden Tag eingekauft. Sie haben ferngesehen und die Oma hat für den Opa seine Brille gesucht."

„Und vorher?", fragte Babsi.

„Vorher ist die Oma mit dem Opa öfter verreist. Und eines Tages hat ihr Sohn gesagt, dass er jetzt nicht mehr so früh nach Hause kommen will."

„Und vorher?", fragte Babsi.

„Vorher hat die Oma mich in die Schule gebracht. Ich bin ja ihr Sohn. Auf dem Rückweg hat sie sich ein Eis gekauft und hat es auf der Straße gegessen. Manchmal ist sie mit dem Opa ins Theater gegangen. Und hin und wieder haben sie gestritten."

„Und vorher?", fragte Babsi.

„Vorher ist die Oma eine Mutter geworden und sie war froh darüber. Aber in dem Jahr hat sie zum ersten Mal nicht zum Karneval gehen können, weil sie auf ihr Kind aufpassen musste."

„Und vorher?", fragte Babsi.

„Vorher hat die Oma den Opa geheiratet. Da haben sie sich oft lange in die Augen gesehen. In den Nächten haben sie eng beieinander gelegen."

„Und vorher?", fragte Babsi.

„Vorher ist die Oma ein junges Mädchen gewesen, mit einer ganz glatten Haut. Sie ist gerne mit dem Fahrrad gefahren. Einmal war sie in Wien."

„Und vorher?", fragte Babsi.

„Vorher war die Oma ein Kind. Sie hat einen Hund gehabt, der Jippi hieß. Mit fünf ist sie in den Fluss gefallen und beinahe ertrunken. Am liebsten hat sie Perlen auf lange Fäden aufgezogen."

„Und vorher?", fragte Babsi.

„Vorher ist die Oma geboren worden", sagte der Vater. „Sie ist aus dem Bauch ihrer Mutter auf die Welt gekommen und war ein winzig kleines Kind. Ja, und dann fing alles an."

Peter und sein Vater

Phil Ressner

Eines Morgens zu Anfang des Jahres saß Peter beim Frühstück und sah durch die Eiskristalle am Küchenfenster in die Sonne. Seine Mutter half dem Baby, sich mit Grießbrei zu bekleckern. Sein Vater hatte den Kopf in die Hand gestützt und trank heißen Kaffee aus einer großen Tasse. Der Kaffee duftete nach brennenden Blumen.

„Ich wollte, alles bliebe immer so, wie es jetzt ist", sagte Peter.

„Ich auch", sagte sein Vater.

„Ich auch", sagte seine Mutter.

„Hick", sagte das Baby.

„Ich wollte, alles bliebe ewig so", sagte Peter.

„Nun", meinte Peters Vater, „das ist möglich und es ist auch wieder nicht möglich."

„Warum ist es denn nicht möglich?", fragte Peter.

„Weil alles sich ändert", sagte sein Vater. „Manches ändert sich so langsam, dass man es kaum merkt. Zum Beispiel dein Haar: Du kannst nicht sehen, wie es wächst; aber schon bald wirst du es wieder schneiden lassen müssen."

„Aber wie kann etwas sich *nicht* ändern?", fragte Peter.

„In der Erinnerung", sagte sein Vater. „Wenn jemand sich immer daran erinnert, wie etwas einmal war, dann bleibt es unverändert."

„Ich erinnere mich an eine Schlüsselkette, die gleichzeitig ein Geduldsspiel war", sagte Peter.

„Ich erinnere mich an meinen Vater", sagte Peters Vater.

„Ich erinnere mich an Lothar", sagte Peter.

„Ich erinnere mich an Jonny Krokus", sagte Peters Vater. „Er war unser Milchmann, als ich so alt war wie du. Und an meine gelbe Katze, die Berni hieß, und daran, wie unser Ahornbaum sich im Winde wiegte, und an alles Mögliche."

„Das ist aber viel", sagte Peter.

„Darum ist es schön, erwachsen zu werden: Je älter man wird, umso mehr Dinge hat man, an die man sich erinnern kann."

„Aber ich habe schon jetzt so viele Dinge, an die ich mich erinnere", sagte Peter. „Wie soll ich mich bloß an alles erinnern?"

„Du wirst das nicht vergessen, was am besten war", sagte sein Vater. „Und ich hätte jetzt beinahe vergessen, dass ich zur Arbeit muss. Auf Wiedersehen, alle miteinander."

Damit lief er aus dem Haus.

„Papa hat seinen Hut vergessen", sagte Peter zu seiner Mutter.

„Er hat an Besseres zu denken", sagte sie.

Geschichte, leider ohne Ende

Susanne Kilian (gekürzt)

Sie fängt in der „guten alten" Zeit an. Was nicht heißt, dass die „gute alte" Zeit wirklich gut war. Und was schon gar nicht heißt, dass die heutige Zeit besser wäre oder schlechter.

Damals gab es noch Pferdedroschken. Die Frauen trugen Sommer wie Winter bodenlange Röcke.

Da lebte Klein-Adelheid, ein wohlerzogenes Mädchen. Wenn sie aber einmal ungezogen war, dann kriegte sie mit dem Stock den Hintern versohlt. Und wenn sie weinte, sagte ihre Mutter: „Adelheid, das hat meine Mutter schon so gemacht, wenn ich ungezogen war. Es hat mir nicht geschadet. Und dir wird es auch nicht schaden. Merk dir das!"

Klein-Adelheid merkte es sich gut.

Die Zeit ging dahin.

Aus Klein-Adelheid wurde eine erwachsene Adelheid.

Die ersten Autos fuhren durch die Straßen. Im Kintopp liefen die ersten Filme. Und die Rocksäume der Frauen waren hoch bis zum Knie gerutscht.

Wie viele andere Mädchen damals hieß Adelheids Tochter Marlene. Sie war ein braves kleines Mädchen. Wenn sie aber einmal nicht brav war, dann kriegte sie mit dem

Stock den Hintern versohlt. Und wenn sie weinte, sagte
Adelheid zu ihrer Tochter: „Marlene, das hat meine Mut-
ter schon so gemacht, wenn ich nicht brav war. Es hat
mir nicht geschadet. Und dir wird es auch nicht schaden.
Merk dir das!"
Marlene merkte es sich gut.

Die Zeit ging dahin.
Marlene wurde erwachsen.
Heute wimmeln die Straßen von Autos. Man kann Fern-
sehen. Und die Frauen tragen mal Mini, mal Maxi – wie
es ihnen Spaß macht.
Marlenes Tochter heißt Tamara. Sie ist ein liebes, kleines
Mädchen. Wenn sie aber einmal böse ist, dann kriegt sie
mit dem Stock den Hintern versohlt. Und wenn sie weint,
sagt Marlene zu ihrer Tochter: „Tamara, das hat meine
Mutter schon so gemacht, wenn ich böse war. Es hat mir
nicht geschadet. Und dir wird es auch nicht schaden.
Merk dir das!"
Tamara merkt es sich gut.

Die Zeit wird dahingehen.
Tamara wird erwachsen werden …

Als wir die Erde räumen mussten

Roswitha Fröhlich

Wir hatten es nicht anders erwartet. Und trotzdem: Als wir die Erde räumen mussten, endgültig, war mein Herz schwer.

Was wird aus uns werden?, fragte ich Wanda, die beim Abtransport neben mir stand.

Mach dir keine Sorgen, antwortete sie. Nichts wird sein, wie es war. Aber alles wird einen Anfang haben – wie jedes Mal, wenn wir von einem Planeten zum anderen wechseln. Kinder werden auf den Kornfeldern wachsen, die Sonne wird sie wärmen, der Regen wird sie tränken und die Alten werden lächeln, wenn sie erkennen, dass es kein Ende gibt im ewigen Universum.

Du träumst, sagte ich und sah Wanda mitleidig an. Wer garantiert uns, dass es auf dem nächsten Planeten ein Fortkommen gibt?

Aber Wanda hörte nicht mehr zu, denn endlich setzten wir uns in Bewegung. Tauwetter herrschte, als wir auf dem neuen Planeten eintrafen, und überall unter dem schmelzenden Schnee waren grüne, frische Triebe zu erkennen.

Wanda hat Recht behalten, dachte ich. Das Leben geht weiter!

Ich packte meine Siebensachen aus, prüfte ihren Nutzen. Aber nichts von alledem schien nützlich. Ich warf es fort.

Dann betraten wir das Neue.

Aller Anfang ist schwer, sagte ich zu Wanda.

Aller Anfang ist gut, erwiderte sie und schritt mutig voran. Wenn der Schnee geschmolzen ist, sehen wir weiter.

Und wo ist unsere Bleibe, fragte ich.

Wir werden sie finden, sagte sie. Bisher hat noch jeder seine Bleibe gefunden. Sie nahm mich bei der Hand und zog mich mit sich fort.

Wohin?

Ach, wenn ich es doch wüsste.

Wenn ich einmal nicht mehr ...

Brigitte Schär

Wenn ich einmal nicht mehr in dieser Stadt wohne,
wo wird es dann sein?
In was für Wohnungen von was für Leuten
werde ich dann wohl von meinem Fenster aus sehen?
Was für Menschen werden mich
auf der Straße begrüßen und mich fragen,
wie es mir geht?

Wenn ich einmal nicht mehr zur Schule gehe,
wohin gehe ich dann jeden Tag?
Werde ich eine Arbeit haben
die ich gerne tue oder
fürchte ich mich vor jedem Tag?

Wenn ich meine Eltern einmal
nicht mehr so brauche wie jetzt,
weil auch ich erwachsen geworden bin,
was brauche ich dann?

Wenn einmal alles nicht mehr so ist, wie es jetzt ist,
wer bin ich dann?

Der Mann auf der Insel

Franz Hohler

Es war einmal ein Mann, der lebte auf einer Insel. Eines Tages merkte er, dass die Insel zu zittern begann.
„Sollte ich vielleicht etwas tun?", dachte er.
Aber dann beschloss er abzuwarten.
Wenig später fiel ein Stück seiner Insel ins Meer.
Der Mann war beunruhigt.
„Sollte ich vielleicht etwas tun?", dachte er.
Aber als die Insel zu zittern aufhörte, beschloss er abzuwarten. Er konnte auch ohne das versunkene Stück weiterleben.
Kurz danach fiel ein zweites Stück seiner Insel ins Meer.
Der Mann erschrak.
„Sollte ich vielleicht etwas tun?", dachte er.
Aber als nichts weiter passierte, beschloss er abzuwarten. „Bis jetzt", sagte er sich, „ist ja auch alles gut gegangen."
Es dauerte nicht lange, da versank die ganze Insel ins Meer und mit ihr der Mann, der sie bewohnt hatte.
„Vielleicht hätte ich doch etwas tun sollen", war sein letzter Gedanke, bevor er ertrank.

Zukunft denken

Paul Maar

Die Zukunft kommt, sie kommt ganz
schnell,
wir können's nicht verhindern.
Doch jetzt schon, in der Gegenwart,
da können wir sie denken.
Und wenn wir's tun, dann kann man sie
bestimmt ein wenig lenken.
Drum nehmt das Steuer in die Hand!
Das schulden wir den Kindern.

Ein Schnurps grübelt

Michael Ende

Also, es war einmal eine Zeit,
da war ich noch gar nicht da.
Da gab es schon Kinder, Häuser und Leut'
und auch Papa und Mama,
jeden für sich – bloß ohne mich!

Ich kann mir's nicht denken. Das war gar nicht so.
Wo war ich denn, eh es mich gab?
Ich glaub, ich war einfach anderswo,
nur, dass ich's vergessen hab,
weil die Erinnerung daran verschwimmt –
Ja, so war's bestimmt!

Und einmal, das sagte der Vater heut,
ist jeder Mensch nicht mehr hier.
Alles gibt's noch: Kinder, Häuser und Leut',
auch die Sachen und Kleider von mir.
Das bleibt dann für sich – bloß ohne mich.

Aber ist man dann weg? Ist man einfach fort?
Nein, man geht nur woanders hin.
Ich glaube, ich bin dann halt wieder dort,
wo ich vorher gewesen bin.
Das fällt mir dann bestimmt wieder ein.
Ja, so wird es sein!

Der Johannisbrotbaum

Jüdische Legende

Ein Weiser ging einmal über Land und sah einen Mann, der einen Johannisbrotbaum pflanzte. Er blieb bei ihm stehen, sah ihm zu und fragte: „Wann wird das Bäumchen wohl Früchte tragen?"
Der Mann erwiderte: „In siebzig Jahren."
Da sprach der Weise: „Du Tor! Denkst du, in siebzig Jahren noch zu leben und die Früchte deiner Arbeit zu genießen? Pflanze lieber einen Baum, der eher Früchte trägt, damit du noch etwas davon hast in deinem Leben."
Der Mann aber hatte sein Werk vollendet und sah freudig darauf. Er antwortete: „Herr, als ich zur Welt kam, da fand ich Johannisbrotbäume und aß von ihnen, ohne dass ich sie gepflanzt hatte, denn das hatten meine Väter getan. Habe ich nun genossen, wo ich nicht gearbeitet habe, so will ich einen Baum pflanzen für meine Kinder und Enkel, dass sie davon genießen. Wir Menschen mögen nur bestehen, wenn einer dem andern die Hand reicht. Siehe, ich bin ein einfacher Mann, aber wir haben ein Sprichwort: Gefährten oder Tod."
Damit wandte er sich ab und ging hinweg.

Opa ist gestorben

Mechthild Holtermann

Trauer ist im ganzen Haus. Der Opa ist gestorben. Alles hat sich verändert. Am schlimmsten aber, so empfindet Ruth, hat sich der Opa verändert.

Bleich und still liegt er im Sarg in der Leichenhalle. Seine Augen und sein Mund sind fest geschlossen. Die Hände hält er in einer steifen Art gefaltet. Still liegen sie auf einer weißen Decke. Sie sind fast durchsichtig, wie aus Wachs. Er sieht so einsam aus, ihr Opa, so einsam! Ruth kann an diesem Abend nicht einschlafen. Und aus all den Gedanken, die durch ihren Kopf ziehen, greift sie einen mutig heraus.

„Ich gebe ihm mein Schäfchen mit", denkt sie. „Dann ist er nicht mehr so allein."

Am nächsten Tag bringt sie ihr Lieblingsschäfchen zum Opa und setzt das kleine Stofftier vorsichtig auf seine Hände. Da wird auch ihr ältester Bruder mutig und zieht einen zerknitterten Brief aus seiner Hosentasche. Er legt ihn auf die weiße Decke.

„Hallo, Opa! Uns geht es gut. Wir sind noch ein bisschen traurig wegen dir. Der neue Rasenmäher ist prima. Nur eins ist doof: Er geht schwer zu schieben. Grüß Pedro von uns! Tschüss! Jan."

Friedlich sieht der Opa nun aus, fast als ob er lächeln würde. Und ein Lächeln geht über die Gesichter der Menschen, die ihn noch einmal besuchen.

Onkel Mo

Reimer Bull

„Onkel Mo ist gestorben", sagt Katis Mutter, als sie die Zeitung aufschlägt. „Gestern. Da steht es."
Onkel Mo: Das war der alte Mann vom Ende der Straße, der jeden Tag von Haus zu Haus ging und in den Gärten Gras für seine Kaninchen pflückte und dem Kati so oft dabei geholfen hat. Onkel Mo wollte für sie einen Kaninchenstall bauen und dann sollte sie selbst zwei Kaninchen haben.
Kati weint. Ihr Vater will sie trösten und sagt: „Onkel Mo war alt."
Was ist alt?, denkt Kati. Sind Mama und Papa alt? Wie alt sind Oma und Opa? Älter als Onkel Mo? Wie alt ist alt?
„Onkel Mo war krank", sagt Katis Mutter, „er war schon lange krank."
Aber Kati denkt: Oma ist auch oft krank. Muss sie bald sterben? Und ich war auch schon einmal vier Wochen lang krank.
„Muss man sterben, wenn man krank ist?", fragt Kati.

„Nein", sagt ihr Vater. „Nur wenn man unheilbar krank ist. Aber die allermeisten Krankheiten sind heilbar."
Warum gibt es unheilbare Krankheiten? denkt Kati. Was ist „unheilbar"?
Sie weint. „Warum muss man überhaupt sterben?"
Ihr Vater nimmt sie in die Arme und sagt zärtlich: „Weil wir leben. Würden wir nicht leben, müssten wir nicht sterben."
„Warum können wir nicht immer leben?", schluchzt Kati.
„Weil noch so viele Menschen leben wollen", sagt ihr Vater und streichelt sie. „Es ist traurig, wenn einer geht. Und es ist schön, wenn einer kommt. Aber du bist noch so klein und sollst darüber nicht nachdenken."
„Ich denke aber darüber nach", sagt Kati. Und auf einmal fallen ihr die Kaninchen ein.
„Sie haben nichts mehr zu trinken und zu fressen", ruft sie. „Wer soll sie versorgen? Onkel Mo ist doch tot!"
„Du", sagt ihre Mutter, „du versorgst sie. Wie immer, wenn Onkel Mo nicht da war."

Warum macht Oma nicht auf?

Ben Kuipers

Oma macht nicht auf. Simon schaut durch das Zimmerfenster, aber Oma sitzt nicht am Tisch, auch nicht auf dem Sofa. Zitrone sieht er, Omas Kanarienvogel. Zitrone darf zur Zeit immer frei im Zimmer herumfliegen.
Und dann, plötzlich, entdeckt er sie. Ganz hinten im Zimmer. Sie liegt auf dem Boden. Der Länge nach. Simon schreit nicht einmal. Er klopft nur gegen die Scheiben. Mit beiden Fäusten. Er denkt nicht daran, dass Glas zerbrechen kann. Er hämmert wie wild gegen die Scheiben.
Oma bewegt sich. Langsam richtet sie sich auf, verdutzt, verwirrt. Zitrone ist aus Angst vor dem hämmernden Simon in ihren Käfig geflüchtet. Das Türchen steht immer offen.
Oma eilt zur Haustür. Sie nimmt Simon in die Arme und erst jetzt schreit er unter Tränen: „Ich dachte, du wärst tot. Ich dachte, du wärst schon tot."
Es gibt Augenblicke, in denen man plötzlich etwas ganz sicher weiß. Manchmal passiert so etwas. Simon weiß in diesem Augenblick, was sein wird. Vielleicht liegt es an der Art, wie Oma sich anfühlt; mager, unsicher, als wär nur ein Teil von ihr da. Simon weiß plötzlich, dass Oma sterben wird. Nicht so wie jeder stirbt, irgendwann einmal. Sondern bald. Sehr bald.

„Es tut mir Leid. Es tut mir Leid, Simon." Omas Stimme
war fast nicht zu verstehen. „Mir ist die Häkelnadel auf
den Boden gefallen. Sie war unter den Schrank gerollt.
Ich legte mich hin, um sie zu holen. Ich war müde, so müde. Ich lag auf dem Boden. Ich dachte: Wunderbar, wunderbar, dachte ich, nur einen Moment liegen. Ich muss
eingeschlafen sein. Es tut mir so Leid."

„Wirst du sterben, Oma?", fragt Simon. Oma erschrickt
noch nicht einmal. Sie hält nur einen Moment die Luft an.
Simon fühlt das, weil sie ihn noch immer umarmt.

„Komm erst herein, Junge", sagt Oma dann. Simon
glaubt ihr anzuhören, wie müde sie ist. Oma macht Kaffee. Dann erfährt Simon, dass Oma seit ungefähr einem
Jahr weiß, dass sie krank ist. So krank, dass sie daran
sterben wird.

Papa und Mama wissen es fast genauso lang. Aber sie
wollten nicht, dass Simon es erfährt. Sie fanden Simon
noch zu jung, um ihm so etwas zu erzählen. Vielleicht hätte er Angst vor Oma bekommen, wenn er die Wahrheit
erfahren hätte.

Simon schweigt, still und verwundert. Er denkt, dass er
Oma bestimmt noch häufiger besucht hätte, wenn er es
früher gewusst hätte.

„Dein Kaffee wird kalt, Oma", sagt er fürsorglich.

Das kleinste Hündchen

Ernst A. Ekker

Der vierjährige Bernhard und seine drei älteren Geschwister hocken vor Bellas Hundekorb. Bernhard staunt und ruft immer wieder: „Na sowas! Na sowas!" Bella hat fünf Junge.

„Und das kleinste Hündchen ist meins! Sie hat es für mich auf die Welt gebracht", behauptet Bernhard. Er überlegt schon, wie er es nennen will. Vielleicht Wuffi …? Oder Rollo …? Oder Charlie Brown …? Immer wieder fällt ihm ein neuer Name ein.

„Die fünf winzigen Hündchen beißen unsre Bella!", ruft Bernhard plötzlich ganz aufgeregt.

„Aber nein", beruhigt Sylvia ihn. „Sie trinken Bellas Milch."

Am nächsten Tag kuscheln sich nur noch vier Junge an Bella in dem Hundekorb.

„Wo ist denn mein Wuffi Rollo Charlie Brown?", fragt Bernhard.

„Erschrick nicht", sagt Sylvia. „Er ist tot."

„Warum denn? Er war doch gestern noch lebendig!"

Sylvia druckst herum. Da erklärt Karin: „Er ist wahrscheinlich von der Bella erdrückt worden."

Bernhard ist ganz still. Sylvia ist ganz still. Karin ist ganz still. Peter, der Älteste, räuspert sich: „Du kannst den Zweitkleinsten haben, der ja jetzt der Kleinste ist. Einverstanden, Bernhard?"

Bernhard schüttelt den Kopf. „So lieb wie mein Wuffi Rollo Charlie ist der nicht … Und was machen wir jetzt mit Wuffi Rollo Charlie Brown?"

„Wir werden ihn begraben", sagt Sylvia.

„Und dann gehen wir in die Kirche und beten für ihn, ja?"

„Ja, das können wir machen", sagt Sylvia.

„Müssen wir dann auch weinen?", fragt Bernhard.

Sylvia schaut Karin an, Karin schaut Peter an. Peter weiß nicht, was er sagen soll.

„Nun", murmelt Bernhard. „Ich wein' halt schon jetzt einmal ein bisschen."

Und die Tränen, die er bis jetzt zurückgehalten hat, kollern über seine Wangen.

Zwei Blätter am Ast

Felix Salten

Von der großen Eiche am Wiesenrand fiel das Laub. Es fiel von allen Bäumen. Ein Ast der Eiche stand hoch über den anderen Zweigen und langte weit hinaus zur Wiese. An seinem äußersten Ende saßen zwei Blätter zusammen.

„Es ist nicht mehr wie früher", sagte das eine Blatt.

„Nein", erwiderte das andere. „Heute Nacht sind wieder so viele von uns davon … Wir sind beinahe schon die Einzigen hier auf unserem Ast."

„Man weiß nicht, wen es trifft", sagte das erste. „Als es noch warm war, kam manchmal ein Sturm und viele von uns wurden damals schon weggerissen, obgleich sie noch jung waren. Man weiß nicht, wen es trifft."

Das zweite Blatt seufzte.

„Ob es wahr ist", meinte das erste, „dass an unserer Stelle andere kommen, wenn wir fort sind, und dann wieder andere und immer wieder …"

„Es ist sicher wahr", flüsterte das zweite, „man kann es gar nicht ausdenken … es geht über unsere Begriffe …"

„Und man wird auch zu traurig davon", fügte das erste hinzu. Sie schwiegen eine Zeit. Dann sagte das erste still vor sich hin: „Warum wir weg müssen …?"

Das zweite fragte: „Was geschieht mit uns, wenn wir abfallen …?"

„Wir sinken hinunter …"

„Was ist da unten?"

Das erste antwortete: „Ich weiß es nicht. Der eine sagt das, der andere sagt dies … aber niemand weiß es."

Das zweite fragte: „Ob man noch etwas fühlt, ob man noch etwas von sich weiß, wenn man dort unten ist?"

Das erste erwiderte: „Wer kann das sagen? Es ist noch keines von denen, die hinunter sind, jemals zurückgekommen, um davon zu erzählen."

Wieder schwiegen sie. Dann redete das erste Blatt zärtlich zum anderen: „Gräme dich nicht zu sehr, du zitterst ja."

„Lass nur", antwortete das zweite, „ich zittere jetzt so leicht. Man fühlt sich eben nicht mehr so fest an seiner Stelle."

„Wir wollen nicht mehr von solchen Dingen sprechen", sagte das erste Blatt.

Nun schwiegen sie beide. Die Stunden vergingen. Ein nasser Wind strich kalt und feindselig durch die Baumwipfel.

„Ach … jetzt …", sagte das zweite Blatt, „… ich …"

Da brach ihm die Stimme. Es ward sanft von seinem Platz gelöst und schwebte hernieder. – Nun war es Winter.

Auch ein Leben

Gretel Fath

Hinter den Häusern, gleich oben am Wald, standen zwei alte und krumme Kiefern. Für die Kinder waren es die schönsten Kletterbäume. Der schmale Weg dort hinauf lief ein Stück weit an einer stark befahrenen Straße entlang.

Auch heute gingen ihn die Kinder im Gänsemarsch, als plötzlich eins von ihnen stehen blieb. Es stieß etwas mit dem Fuß an und bückte sich. Die anderen drei kamen heran und sahen den Igel jetzt auch. Er schien nicht verletzt zu sein. Aber die Kinder wussten sofort, dass er tot war.

Der Größte wollte ihn mit einem Fußtritt auf den Acker befördern, aber der Jüngste hielt sein Bein fest. Er beugte sich tief über das Tier und sah zum ersten Mal die feine weiche Nase. Die langen braungrauen Stacheln zitterten, als er sie vorsichtig berührte.

„Wir wollen ihn im Wald begraben", sagte er.

Eins von den Mädchen zog sich die Jacke aus und wickelte den Igel hinein. Sie trugen ihn bis zu dem lockeren Waldboden. Mit Stöcken und Händen gruben sie alle ein Loch. Es wurde viel zu groß. Gras wurde hineingeschichtet und lange, grüne Nadeln von den Kiefern. Rindenstücke ergaben einen Sarg und schließlich formten die Kinder einen Grabhügel. Am Waldrand fanden sie Margeriten und gelbe und blaue Blumen und steckten sie zu Sträußen zusammen.

Endlich war alles fertig und sie standen um das kleine Grab herum. Da sagte der Jüngste: „Es fehlt noch ein Kreuz."

Alle suchten. Es fanden sich zwei glatt geschälte helle Äste. Sie wurdem mit langen Gräsern zusammengebunden.

Ein Mädchen steckte das Kreuz auf das Grab. Mehr konnten sie für den kleinen Igel nicht mehr tun.

Nichts für Kinder

Hanna Hanisch

„Kinder können da nicht mit", sagte die Mutter.

„Ich möchte mal wissen, wie das gemacht wird", sagte Grischi.

„Es ist zu traurig für dich", sagte die Mutter.

„Ich heule bestimmt nicht", sagte Grischi.

„Wir sind nicht einmal verwandt mit Opa Buschke", erklärte die Mutter.

„Aber er war mein Freund", sagte Grischi, „und er hat mir immer Briefmarken geschenkt."

Dann drehte er sich um. Es hatte keinen Zweck, sie verstanden einen nie. Mit dem alten Opa Buschke hätte er darüber reden können. Von Mann zu Mann sozusagen. Aber der war ja nun tot.

Dann saß er ganz hinten. Er war heimlich gekommen, niemand hatte ihn beachtet. Die Halle mit den bunten Fenstern gefiel ihm. Auch die Blumen und überhaupt alles. Er entdeckte einige Leute aus der Straße. Sie standen auf, als vier Männer einen großen Kasten hereintrugen.

Der Pfarrer erzählte eine Menge von Opa Buschke. Manches davon hatte Grischi gar nicht gewusst. Manches wiederum wusste er viel besser als der Pfarrer. Die Sache mit den geklauten Kohlen zum Beispiel, wo Opa Buschke sich einfach vom Bahndamm hatte rollen lassen, immer mit dem Sack auf dem Rücken. Und sie hatten ihn nicht erwischt!

Als die Leute nach draußen gingen, schloss er sich ihnen an. Die Männer ließen den Kasten an Stricken hinab in ein großes Loch. Er faltete die Hände, wie die anderen Leute das auch machten. Wie tief mochte das Loch wohl sein? Da hatten sie aber eine Menge zu graben gehabt. Er hätte es sich gerne genau angesehen. Aber die Leute standen so dicht vor ihm.

Der Pfarrer betete und sagte, dass alles wieder zu Erde wird. Die Leute warfen Blumen und Erde in das Loch. Nachher würden die vier Männer wohl alles wieder zuschippen? So war das also. Jetzt wusste er es. Leise schlich er zur Seite. Nein, er heulte nicht. Aber er hätte sich gern mit jemanden über das alles unterhalten. Von Mann zu Mann sozusagen.

Zum Beispiel mit Opa Buschke.

Erinnerung

Hiltraud Olbrich

Auf dem Schränkchen in Tante Sofias Wohnzimmer steht ein Foto mit einem goldfarbenen Rahmen. Es zeigt Nachbar Simon bei der Gartenarbeit. Franziska und Fabian schauen das Foto nachdenklich an. „Bist du sehr traurig, dass Simon tot ist, Tante Sofia?", fragt Franziska.

„Ja, ich bin traurig." Tante Sofia nimmt das Foto und wischt zart darüber. „Ich vermisse Simon sehr. Ohne ihn bin ich oft allein."

„Aber jetzt sind wir doch bei dir", sagt Franziska.

Tante Sofia stellt das Foto auf den Schrank zurück und streicht Franziska mit der Hand übers Haar. „Das stimmt", sagt sie. „Es ist gut, dass ihr hier seid."

Sie stellt eine Vase mit Wiesenblumen neben das Foto von Simon. Eine kleine grüne Raupe fällt auf die Tischdecke. Tante Sofia hebt sie auf und setzt sie auf eine Margerite.

„Jetzt hast du nur noch das Foto", stellt Fabian fest.

„Und meine Erinnerungen", sagt Tante Sofia.

Nach einer Weile sagt Tante Sofia: „Simons Körper ist tot. Das ist wahr. Er liegt auf dem Friedhof und zerfällt und wird zu Erde. Aber was ich mit Simon erlebt habe, bleibt in meinem Herzen lebendig."

„Mein Vater sagt, mit dem Tod ist alles zu Ende." Fabian sieht Tante Sofia fragend an.

„Das glaube ich nicht, Fabian. Ich glaube, dass die Verstorbenen bei Gott sind. Und dass Gott ihnen ein neues Leben gibt."

Fabian schüttelt den Kopf. „Ein neues Leben? Wie soll das gehen?"

Tante Sofia lächelt. „Das weiß ich nicht", antwortet sie. „Ich brauche es auch nicht zu wissen. Für mich darf es ruhig ein Geheimnis bleiben."

Dann blickt sie zu dem Blumenstrauß neben Simons Foto. „Vielleicht ist es wie bei der kleinen grünen Raupe. Sie weiß auch nicht, dass sie in ihrem späteren Leben ein Schmetterling wird. Und doch ist es wahr."

„Manche Menschen glauben, Tote kommen in den Himmel." Franziska blickt zweifelnd durch das Fenster hinauf zu den Wolken.

„Sie meinen nicht den Wolkenhimmel", sagt Tante Sofia. „Sie meinen Gottes Himmel."

„Und wo ist dieser Gottes-Himmel?" Fabian und Franziska fragen es gleichzeitig.

Tante Sofia denkt lange nach. „Gottes Himmel ist da, wo Gott ist. Und Gott ist überall. Besonders dort, wo die Menschen sich lieben. In ihren Herzen ist Gott."

„So wie Simon in deinem Herzen ist?", fragt Fabian.

Tante Sofia lächelt. „Ja", sagt sie. „Das weiß ich gewiss. Die Erinnerung an Nachbar Simon lebt in meinem Herzen, so wie auch Gott in meinem Herzen lebt."

Schöpfung erleben

Der Waldspaziergang

Brigitte Lotz

Kai ist den anderen davongelaufen. Jetzt wartet er unter einem Baum. Seine Äste hängen so tief, dass Kai sie mit den Händen fassen kann. An den Blättern, die beinahe seinen Kopf berühren, glitzert es, als hingen viele, viele Silberperlen daran.

So etwas hat Kai noch nie gesehen.

Er stellt sich auf Zehenspitzen, um die Perlen besser betrachten zu können. Es sind lauter Wassertropfen, auf die die Sonne fällt. Vorsichtig tippt Kai mit einem Finger an ein Blatt und in Sekundenschnelle ist aus der glitzernden Perle ein kleines Rinnsal auf seiner Hand geworden. Da lässt Kai die Hand lieber unten. Die Perlen gefallen ihm besser.

Inzwischen haben die anderen Kinder Kai eingeholt. Norbert hat ihn zuerst erreicht und Kai zeigt ihm, was er entdeckt hat. Norbert springt hoch und schlägt mit der Hand gegen einen Zweig. Schreiend springen die übrigen Kinder zurück, weil sie nicht nass werden wollen.

„Das sind doch nur Regentropfen!", ruft Norbert und rennt schon zum nächsten Ast, um das Spiel zu wiederholen.

Kai geht langsam hinterher. Keines der anderen Kinder hat die herrlich glitzernden Perlen entdeckt. Er aber sieht sie noch überall, mal wölben sie sich auf den Blättern, mal hängen sie ganz zart und durchsichtig am Rand eines Blattes.

Unten im Gras, auf einem sonnenbeschienenen Fleck ist ein hauchzartes Spinnennetz über und über mit ganz kleinen, zarten Perlen bedeckt, die aufgereiht an den Spinnfäden hängen.

„Hat es dir im Wald nicht gefallen?", fragt Norbert auf dem Heimweg, weil Kai so still ist.

„Doch", antwortet Kai nur. Seine Augen glänzen, als würden sich die silbrigen Wassertropfen immer noch darin spiegeln.

Eine Schmetterlingsgeschichte

Barbara Cratzius

Die Kinder spielen Verstecken. Sie haben sich hinter der Tanne versteckt. Ganz still sitzen sie. Nur das Summen der Bienen ist zu hören.
Die Sonne scheint warm durch die Äste. Von weitem ruft ein Kuckuck dreimal. Kuckuck, Kuckuck, Kuckuck – Eine Krähe schreit: Kra–Kra– –
„Guck mal!", flüstert Gisela. „Was klebt da für ein komisches braunes Ding am Ast!"
„Zeig mal!", sagt Holger leise. „Das ist eine Schmetterlingspuppe. Die hat mir mein Vater schon mal in einem Buch gezeigt."
„Ist da ein Schmetterling drin?", fragt Gisela erstaunt. „Wie soll der da bloß reinpassen!"
Die Sonnenstrahlen scheinen ganz warm auf die längliche braune Schmetterlingspuppe.
Da – sie bewegt sich!
„Du!", ruft Gisela. „Das Ding geht auf!"
Ganz schmal zusammengefaltet kriecht ein gelber Schmetterling heraus. Die Flügel zittern. Er klappt sie auf und zu. Die Flügel sind ganz zart und haben feine Adern.
Ein Windzug streicht durch die Äste. Da flattert der Schmetterling davon.

Wer wird ihn behüten?

Hanna Hanisch

Katrin hockt vor dem Lichtschacht zum Kellerfenster. Sie starrt durch das Eisengitter auf etwas Wunderbares. Hannes kommt gelaufen.

„He, Katrin, was gibt es zu sehen? Ist was in den Schacht gefallen? Ein Geldstück? Das holen wir raus!"
Er hockt sich neben Katrin. Aber er kann nichts Besonderes entdecken: verwelktes Laub, grauen Modder.
Nach einer Weile haben sich seine Augen an das Dunkel gewöhnt. Er lacht: „Da drin wächst ja ein Baum!"
Wirklich, ein kleiner Baum reckt drei kleine Äste nach oben. Knospen wachsen an jedem Ast, schon ein wenig aufgesprungen zu gelbgrünen Blättchen.
„Das ist ein Kastanienbaum!", ruft Hannes. „Hier haben wir einmal unsere Kastanien ausgezählt. Dabei ist wohl eine in den Schacht gerollt."
Nun liegen sie beide auf dem Bauch und schauen ins Kellerloch. Und sie denken an die kleine braune Kastanie, die hier unten im Schmutz gelegen hat. Auf die der Regen gepladdert und der Schnee geweht ist, auf die die Sonne nur ein wenig geschienen hat. Alles hat sie ausgehalten, die kleine braune Kastanie. Hat einen Baum getrieben, schon fast einen halben Arm lang.
„Wird er weiterwachsen?", fragt Katrin. „Bis zum ersten, zum zweiten und zum dritten Stock? Wer wird ihn behüten?"

Die Schnecke im zwölften Stock

Irina Korschunow

Ich heiße Ulrike. Ich wohne oben im zwölften Stock. Von unserem Balkon aus kann man den Fernsehturm sehen und fast alle Kirchen der Stadt und ganz weit hinten die Berge. Ein wunderbarer Blick, sagt mein Vater. Aber ich möchte lieber in einer Straße wohnen, wo nicht so viele Autos fahren und wo man einen Hund oder eine Katze haben darf. In unserem Haus ist das verboten.

Bloß ein Meerschweinchen, das habe ich, und eine Schnecke hatte ich auch schon mal. Ich habe sie an dem Tag gefunden, als der Lift kaputt war und ich auf dem Balkon bleiben musste. In unseren Blumenkästen wächst lauter grünes Gebüsch, das sieht aus wie ein Miniwald. Ich habe mein rotes Auto dazwischen herumfahren lassen und plötzlich saß die Schnecke da. Eine dicke braune Schnecke, mit Hörnern und einem Haus auf dem Rücken! Ich bin in die Küche gelaufen und habe ein Stückchen Banane geholt. Die Schnecke fing gleich an, daran zu knabbern. Sicher hatte sie Hunger. Als ich sie mit dem kleinen Finger streicheln wollte, hat sie sich in ihrem Schneckenhaus verkrochen. Aber sie ist gleich wieder herausgekommen, wahrscheinlich, weil ihr die Banane schmeckte.

Von da an habe ich der Schnecke jeden Tag etwas zu fressen gebracht. Salat, Banane oder eine Erdbeere. Manchmal ist sie über Nacht den ganzen Blumenkasten entlanggewandert und ich musste sie suchen.

Aber ich glaube, nach einer Weile hat sie schon auf ihr Futter gewartet. Sie fürchtete sich auch nicht mehr vor meinem kleinen Finger. Ich konnte sie streicheln wie einen Hund oder wie eine Katze. Sogar einen Namen habe ich ihr gegeben. Tante Anna! Weil sie so dick und gemütlich war.

„Guten Tag, Tante Anna", sagte ich jedes Mal, wenn ich sie streichelte. Und ich wollte, dass sie bei mir blieb.

Aber eines Morgens konnte ich die Schnecke nicht finden. Ich suchte alles ab, sie war weg. Vielleicht war sie über den Rand gefallen und zertreten worden.

Mein Vater hat gesagt, wegen einer Schnecke braucht man nicht zu heulen. Ich sollte mir lieber aus dem Wilhelmspark eine neue mitbringen.

Der Ausblick

Lene Mayer-Skumanz

Xaverl schnauft vor Anstrengung, aber er steigt die letzten Meter zum Gipfel hinauf.

Ein schwarzer Vogel kreist am Himmel und schreit. Weiter unten am Weg, den der Vater langsam heraufsteigt, kollern die Steine. Und doch ist es still hier oben, feierlich still und ruhevoll.

Xaverl zieht seine Wanderschuhe und die Wollsocken aus. Er will den weichen Almboden unter den Füßen spüren. Gelbe und weiße Sternblumen blühen winzig klein an kurzen, dicht beblätterten Stängeln.

Xaverl schaut über das Nebeltal zu den Bergen hinüber. Die Berge sind blaue, gewellte Bänder, ein Band hinter dem andern. Wie weit sie reichen, wie weit! Xaverl atmet die Luft in tiefen Zügen. Er bohrt seine Zehen ins Gras. Er schaut und schaut. „Lieber Gott, ist das schön hier!"

„Bitte", sagt Gott, „nimm dir, so viel du magst."

Und was ist hinter dem Hügel?

Ernst A. Ekker

Und was ist hinter dem Hügel? Hört dort die Welt auf?
Hinter dem Hügel ist noch ein Hügel.
Die Welt hört dort nicht auf.
Und hinter dem andern Hügel? Hört dort die Welt auf?
Hinter dem Hügel ist noch ein Hügel
und noch ein Hügel und noch ein Hügel …
Die Welt hört dort nicht auf.

Und was ist hinter dem Berg? Hört dort die Welt auf?
Hinter dem Berg ist noch ein Berg.
Die Welt hört dort nicht auf.
Und hinter dem andern Berg, hört dort die Welt auf?
Hinter dem Berg ist noch ein Berg
und noch ein Berg und noch ein Berg …
Die Welt hört dort nicht auf.

Und was ist hinter dem Stern? Hört dort die Welt auf?
Hinter dem Stern ist noch ein Stern.
Die Welt hört dort nicht auf.
Und hinter dem andern Stern, hört dort die Welt auf?
Hinter dem Stern ist noch ein Stern
und noch ein Stern und noch ein Stern …
Die Welt hört dort nicht auf.

Wir brauchen es zum Leben

Anneliese Pokrandt

Mutter fragt: „Was schreibst du denn da immer noch an deinen Hausaufgaben? Heute wirst du ja gar nicht fertig!"

Heike stöhnt: „Wir sollen einen Aufsatz machen über ›Wasser – unser wichtigstes Lebensmittel‹. Ich weiß gar nicht, was ich da schreiben kann."

„Na, ›Lebensmittel‹ ist ja auch ein bisschen komisch! – Frag nur mal Jörg, was der davon hält!"

Jörg grinst und sagt: „Ich würde lieber sagen: Wasser – meine unangenehmste Hautberührung!"

„Klar, das wissen wir, wie du schreist, wenn Mutter dir die Ohren waschen will!"

„Was meinst du denn, Anke: Wasser als Lebensmittel?"

Anke überlegt eine Weile, dann sagt sie: „Vielleicht hat der Lehrer an den Hungerkünstler gedacht, von dem kürzlich in der Zeitung stand. Der hat drei Wochen nichts gegessen, bloß Wasser getrunken, und davon konnte er leben."

„Vielleicht hat er auch gemeint: Wenn wir keinen Regen haben und kein Wasser, dann muss alles vertrocknen. Dann kann nichts wachsen, keine Pflanzen, keine Früchte, kein Obst, kein Getreide. Wir alle hätten nichts zu trinken."

Das Einkaufszentrum

Angelika Diem

Peter und Vroni standen vor dem Plan des neuen Einkaufszentrums.

„In zwei Tagen beginnen die Arbeiten", sagte Peter. „Es wird super mit all den Geschäften und dem McDonald's."

Vroni trat einen Schritt zurück.

„Aber was wird aus der Kastanie und der Eiche?"

„Die müssen weg."

„Wo klettern wir dann? Und mit den Kastanien und Eicheln wollte ich basteln."

„Das ist was für kleine Kinder. Ich fahre lieber Rolltreppe und esse Hamburger. Vielleicht haben sie sogar ein Spielzimmer mit Fernseher und Video."

Vroni schob ein paar Blätter zur Seite. Eine alte Eichel lag da. Daneben glänzte eine neue Kastanie. Vroni hob beide auf.

„Was willst du mit dem Zeug?", fragte Peter.

„Das wirst du sehen."

Vroni steckte die Samen vorsichtig in ihre Tasche. Zwei Blumentöpfe und später zwei Ecken im Garten: Sie würde für die Kinder ihrer Lieblingsbäume sorgen.

Gänseblümchenwiese

Georg Zeissner

Herr Müller mäht seinen Rasen nicht.
„Vielleicht ist er zu faul dazu", sagen die Nachbarn.
Das Gras wächst und sieht struppig aus wie ein altes grünes Fell.
„Jetzt sollte Herr Müller aber wirklich das Gras abschneiden", meinen die Leute.

Auf Herrn Müllers Wiese wachsen jetzt gelbe Butterblumen, Gänseblümchen, lustige Kleeblättchen, weiche Moospolster und viele Sorten Blüten, Blättchen und Gräser, deren Namen nicht einmal die Eltern kennen. Nur die Bienen kennen jede Blüte, denn sie kommen den ganzen Tag über.
„Das ist ja nur Unkraut", sagen die Erwachsenen, aber die Kinder freuen sich, denn sie können Sträuße pflücken für die Puppenstube, eine winzig kleine Mooshütte bauen, Ketten aus den Stängeln der Butterblumen machen und in die Pusteblumen blasen.

Die Schwalben

Johannes Wolfgang Paul

Heute kommt Tante Maria zu Besuch. Gleich in der Einfahrt bleibt sie stehen.

„Ich verstehe euch nicht!", ruft sie. „Erst im Vorjahr habt ihr die Wände frisch gestrichen und ein neues Pflaster verlegt und jetzt schaut ihr seelenruhig zu, wie die Schwalben alles verdrecken!"

Sie deutet zum Torbogen hinauf.

„Warum stoßt ihr die Nester nicht herunter?", fragte sie. „Die sind doch überhaupt nicht schön."

Am Abend setzen wir uns in die Laube.

„Merkwürdig", sagt Tante Maria. „Bei euch sind fast keine Stechmücken. Bei mir sind viel mehr, obwohl ich dauernd mit dem Spray herumrenne."

Die Mama blickt in den Hof, wo die Schwalbeneltern noch immer Insekten für ihre Jungen fangen.

„Das sind die Vögel", sagt sie, „die du vertreibst."

Es war einmal eine Insel oder Das verlorene Paradies

Sigrid Heuck

Es war einmal eine Insel, erzählte eine Mäusemutter ihren Kindern, die war kahl und leer. Kein Baum und kein Strauch wuchsen dort. Eines Tages flog über diese Insel ein Vogel, der ließ etwas fallen. Und weil er kurze Zeit vorher irgendwo Körner aufgepickt hatte, befand sich in dem, was er fallen ließ, ein unverdautes Korn.

Der Regen schwemmte das Korn in die Erde, und bald wuchs da, wo es im Boden steckte, ein kleines Bäumchen. Dieses Bäumchen wuchs in vielen Jahren zu einem stattlichen Baum heran. Er trug Früchte und als andere vorbeifliegende Vögel sie entdeckten, ließen sie sich auf ihm nieder. Bald wuchsen viele Bäume auf der Insel. Und als die Tiere auf den Nachbarinseln die Bäume entdeckten, kamen sie in hellen Scharen.

So entstand ein Paradies.

Eines Tages fuhr ein Schiff an der Insel vorbei. Dem Kapitän gefiel das Paradies und er baute sich ganz oben, auf dem höchsten Berg, ein Haus. Dort wohnte er mit seiner Frau und seinen Kindern.

Manchmal bekam er auch Besuch. Die Leute besuchten den Kapitän gern, denn die Insel gefiel ihnen. Und weil noch viel Platz da war, bauten sie sich bald selbst Häuser dort. Auch sie bekamen Besuch und der Besuch bekam wieder Besuch und allen gefiel es sehr und sie bauten sich eigene Häuser.

Sie fällten viele Bäume, um Platz für ihre Häuser zu bekommen, und für die Tiere blieb nicht mehr viel Platz übrig.

Überall lag Abfall herum, und wo kein Abfall lag und keine Häuser standen, baute man Straßen.

Da verließen die Tiere die Insel wieder. Und weil die Menschen zum Bau ihrer Häuser immer mehr Holz verbrauchten, standen auf der Insel bald nur noch Häuser und keine Bäume mehr.

Aber das fanden die Menschen auch nicht schön und einer nach dem anderen zog wieder fort. Die Mauern brachen zusammen und das Holz verfaulte. Bald war die Insel wieder so kahl und leer, ohne Baum und Strauch, so wie sie vorher gewesen war, erzählte die Mäusemutter ihren Kindern.

In diesem Augenblick flog ein Vogel über die Insel. Er ließ etwas fallen und weil er kurze Zeit vorher irgendwo Körner aufgepickt hatte, war in dem, was er fallen ließ, ein unverdautes Korn …

Philipps Hand

Renate Schupp

Philipp liest. Er hat es sich auf der Eckbank am Küchentisch gemütlich gemacht. Auf seinem Schoß liegt der dicke Kater. Philipp streichelt ihn mit der einen Hand. Die andere braucht er, um die Seiten in seinem Buch festzuhalten, denn die Fenster stehen offen und manchmal fährt ein Windstoß herein.

Der dicke Kater hat behaglich die Augen geschlossen. Er schmiegt seinen Kopf in Philipps Hand und schnurrt. Da kommt eine Fliege hereingesurrt. Sie dreht ein paar Runden um die Küchenlampe und lässt sich auf dem Tisch nieder. Arglos spaziert sie auf dem Wachstuch hin und her.

Philipp blättert eine Seite um und sieht aus dem Augenwinkel, dass sich neben seinem Buch etwas bewegt. Eine Fliege! Igitt!

Er hebt die Hand, mit der er gerade den Kater zwischen den Ohren gekrault hat, und lässt sie auf die Fliege sausen.

PENG! Der Kater fährt erschrocken hoch und springt mit einem Satz auf den Boden.

Die Fliege ist nur noch ein zerquetschtes Häufchen auf der Tischdecke. Philipp schnipst es weg, wischt sich die Hand am Hosenbein ab und liest weiter.

Letzte Warnung

Christine Nöstlinger

Werte Erwachsene,

die Maikäfer und die Frösche habt ihr umgebracht,
die Libellen und die Schlangen habt ihr tot gemacht.
Um jedes Stückchen Wiese legt ihr einen Zaun,
jedes verwilderte Grundstück müsst ihr verbaun.
Die Eidechsen und die Fischotter sterben aus,
keine Maus, kein Wiesel, keine Ratte, keine Laus
dürfte, wenn es nach euch geht, überleben.
Nur Beton, Stahl und Plastik soll es geben!
Die Luft ist voll Blei, die Wolken sind giftig,
die Vögel verrecken, euch ist das nicht wichtig.
Der Regen ist sauer, im Bach schwimmt Chemie,
die Falter krepieren, so schlimm war's noch nie!
Und ihr seufzt bloß: Es ist alles so schwierig!
Ist es aber nicht! Ihr seid bloß unheimlich gierig!
Und hört nicht auf,
euch gegen das Leben zu versündigen,
so müssen wir euch leider demnächst entmündigen!

Eure Kinder

Wie die Igelmutter
mit ihren Kindern
über die Landstraße kam

Elisabeth Stiemert

Einmal im Sommer wollte eine Igelmutter mit ihren vier Igelkindern über eine Landstraße laufen. Auf dieser Landstraße fuhren viele Autos schnell hin und her. Die Menschen in den Autos wollten nach Hause zum Abendbrot, sie wollten ganz schnell ins Kino und sie wollten einen Onkel besuchen.
In einem Auto, das auf der Landstraße fuhr, saß Peter mit seinem Vater. Die beiden wollten zum Bahnhof und eine Tante abholen. Peter sah, dass die Igelmutter mit ihren Kindern über die Landstraße wollte. Er sagte es seinem Vater und der konnte sein Auto gerade noch anhalten. Der Vater stieg aus dem Auto und Peter stieg auch aus. Sie wollten die Igel ganz genau sehen.
Die Igelkinder liefen noch langsam.
Und es kamen schon wieder ganz schnelle Autos! Damit sie die Igel nicht tot fuhren, hielt der Vater sie an. Er stellte sich auf die Landstraße und machte beide Arme

ganz breit. So wie die Polizisten das machen und das heißt: Halt!

Die anderen Autofahrer hielten auch an. Manche schimpften zuerst, aber als sie die Igel auf der Landstraße sahen, da freuten sie sich.

Inzwischen hatten zehn Autos gehalten. Peter lief zu ihnen hin und sagte den Fahrern, dass die Igel erst über die Landstraße müssten. Da vergaßen die Fahrer, dass sie eigentlich schnell weiter wollten. Sie stiegen aus und sahen sich an, wie die Igel da liefen.

So kam es, dass an diesem Tag manche Leute zu spät zum Abendbrot kamen, zu spät ins Kino gingen und zu spät bei dem Onkel waren. Der Vater und Peter kamen zu spät zum Bahnhof.

Die Tante wartete schon. Aber das machte ja nichts. Die Igelmutter war mit ihren vier Igelkindern gut über die Landstraße gekommen.

Die Welt des Glaubens

Der Besuch

Lene Mayer-Skumanz

Ein Mann erfuhr, dass Gott zu ihm kommen wollte.
„Zu mir?", schrie er. „In mein Haus?"
Er rannte durch alle Zimmer.
Er lief die Stiegen auf und ab.
Er kletterte zum Dachboden hinauf.
Er stieg in den Keller hinunter.
Er sah sein Haus mit anderen Augen.
„Unmöglich!", schrie er. „In diesem Sauhaufen kann man keinen Besuch empfangen. Alles verdreckt. Alles voller Gerümpel. Kein Platz zum Ausruhen. Keine Luft zum Atmen."
Er riss Fenster und Türen auf.
„Brüder! Freunde!", rief er. „Helft mir aufräumen – irgendeiner! Aber schnell."

Er begann, sein Haus zu kehren.

Durch dicke Staubwolken sah er, dass ihm einer zu Hilfe gekommen war.

Sie schleppten das Gerümpel vors Haus, schlugen es klein und verbrannten es. Sie schrubbten Stiegen und Böden. Sie brauchten viele Kübel Wasser, um die Fenster zu putzen. Und immer noch klebte der Dreck an allen Ecken und Enden.

„Das schaffen wir nie!", schnaufte der Mann.

„Das schaffen wir!", sagte der andere.

Sie plagten sich den ganzen Tag.

Als es Abend geworden war, gingen sie in die Küche und deckten den Tisch.

„So", sagte der Mann, „jetzt kann er kommen, mein Besuch! Jetzt kann Gott kommen. Wo er nur bleibt?"

„Aber ich bin ja da!", sagte der andere und setzte sich an den Tisch. „Komm und iss mit mir!"

Die Fußspur Gottes

Nacherzählt von Richard Gersdorff

Ein europäischer Gelehrter hatte sich für eine Forschungsreise in die Sahara einen Araber als Reisegefährten mitgenommen. Dieser, ein gläubiger Muslim, betete getreu zu den vorgeschriebenen Zeiten.
Da fragte ihn der Weiße: „Was tust du?"
„Ich bete."
„Zu wem betest du?"
„Zu Gott."
„Hast du Gott jemals gesehen?"
„Nein."
„Hast du ihn schon mit deinen Händen betastet und gefühlt?"
„Nein, auch das nicht."
„So bist du ein Narr, wenn du an Gott glaubst."
Stolz auf seine Aufklärung wandte sich der Gelehrte von dem schlichten Mann.
Der aber schwieg.

Am nächsten Morgen, als der Europäer aus seinem Zelt trat, rief er den Araber, wies in den Sand und sagte: „Diese Nacht ist hier ein Kamel gewesen."
In den Augen des Gefährten blitzte es auf, als er fragte: „Hast du das Kamel gesehen?"
„Nein."
„Hast du es mit der Hand berührt?"
„Nein. Warum sollte ich?"
Nachdenklich sprach der Araber: „Du bist ein seltsamer Mann. Du glaubst an ein Kamel, das du weder gesehen noch berührt hast."
„Irrtum!", entgegnete der Gelehrte. „Ich habe ja den Beweis: Die Fußspuren des Kamels sind rings um das Zelt zu sehen."
Da ging am Horizont strahlend die Sonne auf. Der Araber wies mit der Hand zur Sonne und sprach schlicht und gläubig: „Und darin sehe ich die Fußspur Gottes!"

Die Sonne scheint immer

Renate Schupp

Eine ganze Woche ist es herrlich warm gewesen. Sieben Tage lang. Jeden Morgen, wenn Jakob und Lena aufwachten, stand die Sonne leuchtend hell zwischen dem neuen Hochhaus und der Kirche.

Aber heute ist alles anders. Heute ist der Himmel grau. Dicke Wolken türmten sich hinter dem Hochhaus.
„Sie ist weg!", ruft Lena und schaut verwundert aus dem Fenster.
„Wer?", fragt Jakob.
„Die Sonne!"
Tatsächlich! Weit und breit ist nicht das kleinste Sonnenschimmerchen zu sehen.
„Mama! Mama!", schreien Jakob und Lena und laufen zur Mama in die Küche. „Die Sonne ist weg!"
Die Mama lacht.
„Aber nein! Sie ist nicht weg. Sie versteckt sich nur manchmal hinter den Wolken. Wenn sie weg wäre, dann wäre kohlpechrabenschwarze Nacht auf der Erde. Und es würde eisig kalt. Da würde alles erfrieren – die Blumen und die Bäume und alle Tiere. Und wir Menschen auch. Ohne Sonne können wir nicht leben."

Lena zieht die Schultern hoch.

„Ich friere!", sagt sie.

„Ich auch!", sagt Jakob. „Schaut nur, ich hab schon Gänsehaut!"

Die Mama legt einen Arm um Jakob und einen um Lena und drückt beide fest an sich.

„Sie ist irgendwo dort oben, die Sonne", erklärt sie und blickt durchs Fenster zum Himmel. „Ich weiß es ganz bestimmt. Die Sonne scheint immer. Auch wenn wir sie nicht sehen können."

„Immer – immer – immer?", fragt Lena.

Die Mama nickt.

„Wie die Luft!", sagt Jakob.

„Und der Wind!"

„Und der Gott!"

„Ja", antwortet die Mama. „Genauso!"

Lena stellt sich auf die Zehen und zeigt hinunter in den Garten. „Und wie meine rosa Zopfspange", erklärt sie.

„Deine rosa Zopfspange?", fragt die Mama erstaunt.

„Ja", sagt Lena. „Sie liegt irgendwo dort unten im Gras. Ich weiß es ganz bestimmt. Aber ich kann und kann sie nicht sehen!"

Das kleine blaue Fenster

Friderun Krautwurm

Wenn die Glocken läuten, schimpft Kalles Vater. Dann schimpft er sofort auf den Pfarrer. Dabei hat er den kaum mal von Weitem gesehen.

„Was hat er bloß gegen die Kirche?", fragt Markus, der täglich mit Kalle spielt.

„Weiß nicht …", brummt Kalle.

Dann fällt ihm was ein.

„Als Vater noch ein Baby war, ist mein Opa gestorben. Da musste die Oma arbeiten gehen. Meinen Vater ließ sie bei ihrer Tante. Die hieß Tante Hedwig. Igitt, war die doof!"

„Woher weißt du das denn?"

„Na, was meinst du, wie viel ich von der schon gehört hab! Mein Vater redet noch öfter davon.

Die sagte andauernd: ›Sitz gerade, mein Junge! Schlürf nicht beim Essen! Tritt nicht auf den Rasen! Hast du auch deine Ohren gewaschen? Wie sehn deine Fingernägel bloß aus?‹

Ein Loch in der Hose war ganz was Schlimmes. Wenn

das rauskam, kriegte er Stubenarrest. Wenn er nicht manchmal geschwindelt hätte, wäre er kaum vor die Haustür gekommen. Bloß das nützte auch nichts!
Die Tante fing an, Vater bange zu machen. Sie sagte: ›Ich merk ja vielleicht nicht alles; aber – das sag ich dir! – Gott sieht dich immer. Der schaut durch die dicksten Wände hindurch.‹
Am Sonntag nahm sie ihn mit in die Kirche. Die hatte bunte Fenster aus Glas. Die waren sehr hübsch. Aber ganz weit oben war ein kleines blaues. Das sah aus wie ein Auge, sagt Vater. Und er hat immer gemeint: Da guckt Gott jetzt durch. Der sieht meinen Fleck in der Hose und dass ich den Hals nicht gewaschen hab …
Muss ein blödes Gefühl gewesen sein, weißt du! Wenn Vater an einer Kirche vorbeigeht, kommt's ihm heute noch hoch! Obwohl er jetzt groß ist …"

So redet der Freund. Markus kann Kalles Vater auf einmal verstehen.

Welcher Gott
ist der wahre Gott?

Leo N. Tolstoj

In einem Kaffeehaus in Indien sitzen Menschen aus aller
Welt zusammen. Jeder sagt: Meine Religion ist die beste, mein Gott ist allein der wahre Gott.
Da nimmt ein alter weiser Chinese das Wort. Er spricht
davon, wie die Menschen über die Sonne denken:

Ein Mensch sagt:
Die Sonne geht jeden Abend hinter den Bergen meiner
Insel zur Ruhe. So ist das und nicht anders.
Dieser Mensch ist niemals von seiner Insel herunterge-
kommen.
Ein anderer sagt:
Die Sonne geht im Meer auf und im Meer wieder unter.
So ist das und nicht anders.
Dieser Mensch ist über die Meere gefahren.
Ein Dritter sagt:
Die Sonne kreist nicht um die Erde, sondern die Erde
kreist um die Sonne.
Dieser Mensch kennt die Lehre von den Gestirnen.

So sagt es jeder anders, je nachdem, wie viel er weiß, wie viel er gesehen hat.

Und der alte Chinese spricht: Genauso ist es mit Gott und den Menschen. Der eine Mensch weiß wenig von ihm. Er denkt nicht viel nach. Für ihn bedeutet Gott wenig. Ein anderer Mensch weiß mehr von Gott. Er denkt viel nach über Gott.
Für ihn ist Gott erhaben und groß. Für den aber, der am meisten von Gott weiß und der am tiefsten über ihn nachdenkt, ist Gott unendlich erhaben, voller Gnade und Liebe und Barmherzigkeit zu den Menschen.
Überall auf Erden ist diese Gnade Gottes zu finden, seine Liebe und seine Barmherzigkeit. Jeder Mensch auf der Welt kann diesen Gott finden, ganz gleich, wie er ihn nennt, ganz gleich, zu welcher Religion er gehört.

Nach diesen Worten schwiegen die Streitenden und keiner sagte mehr: Mein Gott ist allein der wahre Gott.

Vom König,
der Gott sehen wollte

Nach Leo N. Tolstoj

Ein König, der Gott sehen wollte, drohte allen Weisen und Priestern schwerste Strafen an, wenn es ihnen nicht gelänge, ihm Gott zu zeigen. Als alle schon verzweifelten, kam ein Hirte, der den König auf einen freien Platz führte, ihm die Sonne zeigte und sagte: „Sieh hin!"
Sofort senkte der König geblendet den Kopf und rief: „Willst du, dass ich erblinde?"
„Aber König", sagte der Hirte, „die Sonne ist doch nur *ein* Ding der Schöpfung, ein schwacher Abglanz seiner Größe ... Wie willst du Ihn selbst aushalten können!"

Gebet

Gisela Schütz

In der Schule haben die Kinder ein Gebet besprochen. Um das tägliche Brot geht es darin. Nun sollen sie das Gebet auswendig lernen. Aber Klaus passt das nicht. Er fragt sich: Warum soll ich das Gebet lernen? Bei uns zu Hause wird nicht gebetet. Und wozu auch? Wenn ich Brot haben will, muss ich zum Kaufmann gehen und welches holen. Das Geld dafür muss Vati verdienen. Für ein Gebet kann ich mir nichts kaufen. Für ein Gebet gibt mir niemand etwas.
Und doch beten Tag für Tag Millionen Menschen in aller Welt: „Unser täglich Brot gib uns heute."
Wie kommen sie nur dazu?

Der alte Fischer

Leo N. Tolstoj

Fischer waren draußen beim Fang mit ihrem Boot. Da kam ein Sturm auf. Sie fürchteten sich so sehr, dass sie die Ruder wegwarfen und den Himmel anflehten, sie zu retten. Aber das Boot wurde immer weiter weggetrieben vom Ufer.

Da sagte ein alter Fischer: „Was haben wir auch die Ruder weggeworfen! Zu Gott beten und zum Ufer rudern – nur dies beides zusammen kann da helfen."

Das Gebet

Albert Herold

Fast jeden Abend, wenn die Sonne untergegangen war, setzte sich Solomon auf seinen Stuhl, verschränkte die Hände und saß lange still und mit geschlossenen Augen da.

Mangaliso wusste, dass er ihn dabei nicht stören durfte.

Aber einmal fragte er ihn doch: „Was machst du, wenn du so dasitzt mit geschlossenen Augen?"

„Ich bete", antwortete Solomon.

„Warum betest du?"

„Wenn ich bete, bin ich glücklich."

Darauf wagte Mangaliso nicht mehr zu fragen.

Blumen am Zaun

Friderun Krautwurm

Heute zum Fußballspiel kommt er, hat Rolands Vater gesagt. Mann, hat sich der Junge gefreut.

Und dann hat er doch nicht Wort gehalten, der Vater. Er hat nicht gesehen, wie Roland das Tor schoss. Und es ist doch sein allererstes gewesen, beim Spiel gegen die von 07 aus Glonsdorf.

Als die Mutter am Abend zu ihm ans Bett kommt, dreht Roland den Kopf weg.

„Was hast du?", fragt die Mutter.

„Nichts", sagt der Junge. Da steht sie am Bettrand.

„Gute Nacht", sagt der Junge.

Sie geht einfach nicht.

„Mir langt's jetzt!", ruft Roland. „Dein dummes Gerede vom Beten! Gott hört uns und sowas. Alles Gefasel. Es stimmt einfach nicht."

„So?", fragt die Mutter.

„Hör bloß auf!", sagt der Junge. „Elf Wochen lang bet' ich nun schon: Bitte mach doch, dass Vater wieder nach Hause kommt wie früher. Und was hat sich geändert? Rein gar nichts! Du siehst's doch. Gute Nacht."

Mann, wenn sie doch ginge! Er mag es nicht sehen, wie sie da rumsteht.

„Gute Nacht!", brummt er noch mal.

„Du, Roland", sagt Mutter und setzt sich einfach. „Weißt du noch, wie du dir einmal das Bein gebrochen hattest?"

Was soll das jetzt?, denkt er und sagt: „Na, sicher."

„Damals", sagt Mutter, „hast du oft gebettelt: Mach doch, Gott, dass der Bruch gut verheilt. Ich habe dich aber nie sagen gehört: Wehe, du schaffst das nicht in drei Tagen! Dann bin ich dir böse und rede nie wieder mit dir. Stimmt's?"

„Ja", murmelt Roland.

„Gib nicht auf", sagt die Mutter. „Dies dauert halt länger."

„Hm", brummt der Junge.

Heute Nacht schläft er ruhig.

Am andern Tag pflanzen sie Blumen am Zaun lang, gleich vorn vor dem Haus. Es könnte doch sein, dass der Vater vorbeigeht. Vielleicht kriegt er Lust, mal reinzuschauen.

Kalte Suppe

Friderun Krautwurm

Sie sitzen vor ihren Goldrandtellern. Die Tante teilt Suppe aus. Es duftet lecker.

„Hm", sagt Hans-Jürgen und hebt den Löffel. Da guckt der Onkel zu ihm hinüber. Was ist denn, denkt Hans-Jürgen und schaut sich um. Alle anderen am Tisch blicken still auf ihre Teller. Sie halten die Hände unter dem Esstisch. Keiner fängt an zu essen. Hans-Jürgen begreift nichts. Worauf warten die denn?

Der Onkel hält seine Augen geschlossen und hält eine Rede. Die ist ziemlich lang. Am Anfang sagt er: „Vater im Himmel", am Ende kurz „Amen", und dann darf man essen.

Komisch, denkt Hans-Jürgen.

„Wir hätten es dir vorher sagen sollen", meint die Mutter auf dem Rückweg. „Das ist so eine Sitte bei manchen Leuten."

„Bloß schade, dass die Suppe immer dabei kalt wird", brummt der Vater.

Hans-Jürgen weiß immer noch nicht, mit wem der Onkel vorhin geredet hat.

Jakob betet

Lene Mayer-Skumanz

Vor dem Schlafengehen läuft Jakob noch einmal durch den Garten.

Er schaut den Apfelbaum an.

„Den hast du schön gemacht, wirklich wahr", sagt Jakob.

Er riecht an den Rosen.

„Die hast du auch schön gemacht."

Er kostet ein paar Erdbeeren.

„Mmm! Die hast du am schönsten gemacht. Danke", sagt Jakob.

Dann geht er ins Haus.

Die Großmutter bringt ihn ins Bett.

„Und jetzt beten wir", sagt die Großmutter.

„Ich habe schon gebetet", sagt Jakob.

Mein Engel heißt Corinna

Erhard Domay

Mein Engel heißt Corinna
und ist so ähnlich wie ich.
Er hat nicht immer gute Laune.
Heute ist er fröhlich
und will mit mir
durch den Garten toben.
Er stiftet mich
zu allerlei Späßen an.
Aber manchmal
hält er mich zurück.
Er passt auf,
dass mir nichts Schlimmes passiert.

Mein Engel hat immer Zeit für mich.
Aber oft vergesse ich ganz,
dass er da ist.

Mein Engel und ich

Erhard Domay

Mein Engel plant eine Überraschung.
Er weiß noch nicht genau,
wie er es anstellen soll.
Aber er hat
etwas Wunderschönes für mich.
Er lässt mich zappeln,
bis es so weit ist.
Ich stelle ihn mir
wie das Christkind vor.

Mein Engel beschützt mich.
Im Handumdrehen
ist er größer und stärker als ich.
Die Augen macht er weit auf.
Er sieht mich genau.
Dann stelle ich ihn mir vor
wie eine gute Fee –
nur ein bisschen strenger.

Wenn mein Engel
mich an die Hand nimmt,
kann ich fliegen.

Wie Engeln Flügel wachsen

Peter Härtling

„Haben alle Engel Flügel?", frage ich meinen Engel, der mich gestern besuchte.

„Ja", sagt er. „Aber nicht alle Engel können fliegen."

„Wieso nicht? Wenn sie schon Flügel haben!"

„Es kommt darauf an, wer ihnen die Flügel wachsen lässt", sagt mein Engel. „Schau mich an!"

Ich mustere ihn und bin verblüfft.

„Du hast ja gar keine Flügel. Wie kann ich dann darauf kommen, dass du ein Engel bist?"

Er lächelt mich ein kleines bisschen spöttisch an.

„Selbstverständlich habe ich Flügel. Aber erst, wenn du an mich denkst, wenn ich dir im Traum erscheine."

„Durch meine Gedanken wachsen dir Flügel?"

„Ja." Er nickt eifrig und aufmunternd.

„Also darfst du nicht da sein, damit die Flügel aus den Achseln sprießen?"

„So ist es. Ich muss fort sein und von deinen Gedanken getragen werden, deiner Sehnsucht nach mir, weil du mich magst."

„Ich mag dich, Engel", sage ich und versuche, ihn zu umarmen.

Doch er ist schon fort und alle meine Gedanken hasten ihm nach.

Jetzt fliegt er, mein Engel, denke ich.

Der Engel bei Bolt an der Ecke

Rudolf Otto Wiemer

Der Engel bei Bolt an der Ecke,
der hat heute viel zu tun:
Die Kinder vom Stadtrandviertel,
die rennen auf raschen Schuhn.

Sie laufen hinter dem Ball her,
der Ball, der rollt und rollt.
Doch die Autos sieht nur der Engel,
der steht, wie gesagt, bei Bolt,

bei Bolt, dem Schuhwarenladen,
da steht der Engel und wacht.
Er schwingt seinen Stock und gibt auf
die spielenden Kinder Acht.

Man weiß, er heißt Gottlieb Zille
und sieht auch genauso aus,
mit Bart und Zigarre und Brille:
der Rentner vom Hinterhaus.

Sie hat ihren Engel gesehen

Sybil Gräfin Schönfeldt

Ihre Mutter war gestorben und die Tanten und Großmütter sagten: „Deine Mutter ist jetzt ein Engel und wacht über dich!"
Sie fragte: „Kann man Engel sehen?"
Die Tanten gaben keine klare Antwort und ihr großer Bruder sagte: „Es gibt keine Engel, damit du's nur weißt!"
Darauf erwiderte sie nichts. Sie hatte schon gelernt, wann man lieber schweigt.
Abends schaute sie zum Fenster hinaus und dachte an ihre Mutter. Dachte an das vergangene Jahr, als sie mit ihr durch den dunklen Garten gegangen war und auf den Schnee gewartet hatte.
„Ich hab den Schnee so gern", hatte ihre Mutter gesagt und dann waren die ersten Flocken gefallen.
Wie jetzt. Die Luft war weiß von Schnee. Ein Wind kam auf. Sie starrte in den lautlosen Wirbel. Dann hörte sie ein Rauschen und sah schneeglitzernde Flügel schlagen, mitten im Stieben der Flocken, Weiß in Weiß, sah den Engel. Er verharrte kurz inmitten des Schneegestöbers und sie sah sein Augenlicht. Dann spannte er die Flügel so weit, dass sie alles umfingen, und schwebte gegen den Fall der Flocken empor.
Mein Engel, dachte sie, ich habe meinen Engel gesehen.
Sie erzählte es keinem, aber sie vergaß es nie.

Religion

Sara Krüger

Im Dorf, wo Anne wohnt, sind die meisten Leute katholisch. Die meisten Kinder in Annes Klasse gehen jeden Tag in die Messe.

Anne ist evangelisch. Da geht man nur am Sonntagmorgen in den Gottesdienst.

Manchmal geht Anne heimlich mit Vivi in die katholische Kirche. Anne findet es dort viel spannender. Es gibt eine Menge zu sehen, viele Heiligenfiguren stehen reich geschmückt herum.

Der Priester ist bunt angezogen und die Buben aus der Klasse sehen in den langen Gewändern so lustig aus, wenn sie den Weihrauchkessel schwingen.

Anne muss aufpassen, dass sie immer rechtzeitig mit Vivi aufsteht und hinkniet.

Beim Beten legt sie die Hände nach dem Beispiel der anderen Leute zusammen. Das sieht so ähnlich aus, als würde man eine Kerze halten.

In der evangelischen Kirche ist es viel langweiliger. Die Hände müssen gefaltet werden. Es wird nur gesungen und der Pfarrer hört gar nicht mehr auf zu reden.

Kirche ist auch für Kinder da

Renate Schupp

Manchmal besuchte Tina mit ihren Eltern den Gottesdienst. Zuerst spielte immer die Orgel und alle sangen gemeinsam ein Lied. Der Pfarrer ging zum Altar, sprach ein Gebet und las aus der großen Bibel vor. Dann stieg der Pfarrer auf die Kanzel und hielt die Predigt. Tina verstand nicht viel.

Einmal aber war alles anders. Viele Eltern waren mit ihren Kindern gekommen. Ein größeres Mädchen trat vor und begrüßte die Gemeinde.

Später brachten zwei Jungen ein großes Tablett herein mit vielen bunten Schokoladentäfelchen. Tina riss die Augen auf. Die Kinder in den ersten Reihen aber riefen „oh" und „ah" und nahmen sich, was sie kriegen konnten. Als die Jungen bei der dritten Bankreihe ankamen, war das Tablett schon fast leer. Tina und alle, die weiter hinten saßen, bekamen nichts.

Da rief ein Mädchen aus der letzten Bank: „Das ist nicht gerecht! Ihr da vorn stopft euch die Taschen voll und wir hier hinten bekommen nichts!"

Und auf der anderen Seite stand ein Junge auf und rief: „Das lassen wir uns nicht gefallen! Los, kommt mit! Wir wollen auch was!"

Da kamen auf einmal von hinten Kinder und stürmten durch den Mittelgang nach vorn. Tina bekam Herzklopfen vor Schreck! Sie würden doch nicht mitten in der Kirche eine Rauferei anfangen!

Aber dann begriff sie: Es war ja nur ein Spiel. Die Kinder spielten den Leuten vor, wie ungerecht es ist, dass die einen alles haben und die anderen nichts.

Darüber sprach auch der Pfarrer in seiner Predigt. Heute verstand Tina, was er sagte.

Nach der Predigt gingen einige Kinder herum und verteilten die Schokolade gerecht.

Zuletzt sprach der Pfarrer das Schlussgebet und den Segen.

Tina wunderte sich, wie rasch diesmal die Zeit vergangen war.

Sabine wird getauft

Rolf Krenzer

Markus ist zur Taufe eingeladen. Er geht mit seinen Eltern in die Kirche. Da sind viele Leute. Es sollen noch mehr Kinder getauft werden. Markus setzt sich ganz nahe zu seiner Tante Rosel. Die Tante hält die kleine Sabine auf dem Arm.

„Willst du sie einmal halten?", fragt sie leise.

Markus nickt. Da legt Tante Rosel ihm das kleine Mädchen ganz behutsam in die Arme. Markus passt gut auf, dass er das Köpfchen richtig hält. Er sitzt ganz still und traut sich kaum zu atmen.

Jetzt kommt der Pfarrer. Er lächelt freundlich und gibt allen die Hand. Dann geht er zu dem Taufstein.

Zuerst wird ein kleiner Junge getauft. Er heißt Daniel.

Dann ist Sabine an der Reihe.

Die Mutter nimmt Markus das Mädchen vorsichtig aus dem Arm und trägt es zu dem Pfarrer hin. Markus ist sehr stolz. Seine Mutter ist jetzt Sabines Patentante.

Der Pfarrer gießt ein bisschen Wasser über Sabines

Kopf. Er sagt: „Ich taufe dich im Namen des Vaters, des Sohnes und des Heiligen Geistes. Du heißt Sabine Kersting. Sabine, Gott hat dich lieb!"

Dann spricht er zu den Eltern und zu den Paten. Er trocknet Sabines Kopf vorsichtig mit einem Handtuch ab. Sabine schaut ihn mit großen Augen an. Sie ist ganz still.

Jedes Kind hat einen Namen. Zu jedem Kind sagt der Pfarrer bei der Taufe: „Gott hat dich lieb!"

Dann spricht der Pfarrer ein Gebet. Alle Leute beten mit. Danach singen sie ein Lied.

Nach der Kirche holt Markus seinen Fotoapparat und knipst die kleine Sabine in ihrem Taufkleid. Dann darf er Sabine auf dem Arm halten und Onkel Hans knipst.

Aber nun sagt Tante Rosel: „Beeilt euch. Wir wollen doch zu uns nach Hause fahren und Sabines Taufe feiern!"

Da merkt Markus, dass er Hunger hat. Er freut sich auf das gute Essen. Bestimmt wird es auch Kuchen und Torte geben.

Kindergottesdienst ist schön

Karl Foitzik

Martin und Bastian haben den ganzen Nachmittag miteinander gespielt. Martins Mutter kommt ins Zimmer und sagt: „So, jetzt müsst ihr aufräumen. Dein Vater hat angerufen, Bastian. Er wird dich bald abholen."
Martin und Bastian werfen die Legosteine in die Kisten.
„Gehst du morgen in den Kindergottesdienst?", fragt Martin.
„In den Kindergottesdienst? Ich bin doch nicht blöd!", antwortet Bastian.
Martin schaut ihn verwundert an. „Warum bist du blöd, wenn du in den Kindergottesdienst gehst?", will er wissen.
Bastian erzählt:
„Ich war schon mit meiner Oma in der Kirche. Das hat überhaupt keinen Spaß gemacht. Erst ging's noch. Die Orgel hat mir gefallen. Auch das Lied. Da habe ich mitsingen können. Aber dann war es schrecklich langweilig. Als ich mit meinen Füßen baumelte und dabei an den Stuhl gestoßen bin, hat mir die Oma einen Schubs gegeben. Die Frau vor uns hat sich umgedreht und mit dem Kopf geschüttelt. Was der Pfarrer erzählt hat, habe ich sowieso nicht verstanden."

Martins Mutter ist ins Zimmer gekommen. Sie hat gehört, was Bastian gesagt hat.

„Das glaube ich, dass dir das nicht gefallen hat, Bastian", meint sie. „Ich finde es schlimm, dass Erwachsene sich immer gleich aufregen, wenn Kinder im Gottesdienst mal aufstehen oder was sagen. Aber geh doch mal mit Martin in den Kindergottesdienst. Da ist alles ganz anders."

„Ja, da ist alles ganz anders", wiederholt Martin. „Das letzte Mal haben wir sogar gespielt!"

„In der Kirche habt ihr gespielt?" Bastian staunt.

„Ja, wir haben gespielt und getanzt. Frau Kunze hat uns eine Geschichte erzählt von einem Hirten, der viele Schafe hatte. Aber eins hat sich verlaufen. Da hat er das eine ganz lange gesucht. In einem Dornenstrauch hat er es gefunden. Da hat er sich ganz arg gefreut. Wir sind um den Altar getanzt und haben gesungen. Am Schluss haben drei Kinder zusammen mit Frau Kunze gebetet. Ich bin gespannt, was wir morgen machen."

Es läutet an der Tür. Bastians Vater ist da.

Komisch, denkt Bastian. Warum sind die Großen in der Kirche so traurig, wenn es dort auch so fröhlich sein kann?

Die Kerze

Herbert Schultze

Es ist ein kalter Wintertag. Eva und Christine sind mit den
Eltern im Urlaub. Sie machen einen Spaziergang durch
die alte Stadt.

Alle vier gehen sie in eine Kirche. Dunkel ist es da. Und
so still. Das große Tor schließt sich hinter ihnen.

Vater, Mutter und Christine betrachten die rund ge-
wölbten Decken. Dort sind große bunte Bilder.

Christine will viel wissen: „Wer ist das?"

„Ein Bischof."

„Was hat der denn auf dem Kopf?"

„Eine Bischofsmütze."

„Und der große Stock?"

„Das ist ein Bischofsstab."

Und dann weiß sie es selbst. „Mutti! Maria und das Je-
sus-Kind! Und die vielen Engel!"

„Guck mal!" Die Mutter zeigt auf die Kirchenbänke mit
der Knieleiste davor. Da macht Eva sich selbstständig.
Sie kniet in einer Bank und scheint alles um sich herum
vergessen zu haben.

Nun fühlt sie die Blicke der Eltern und der Schwester. Sie
steht auf, kommt fröhlich zu den anderen und sagt:
„Mutti, ich habe ein Vaterunser für dich gebetet."

„Das ist lieb", antwortet die Mutter.

Nun gehen sie weiter nach vorn. Die mächtigen weißen Säulen spiegeln das grüne, blaue, rote, gelbe Licht von den bunten, hohen Fenstern.

Da kommen sie zu einem Bild, das Jesus am Kreuz zeigt. Viele Blumen stehen auf dem Tisch davor.

„Das ist ein Altar", erklärt der Vater.

An der Seite steht ein Gestell mit vielen flackernden Kerzen. Ihr Licht strahlt warm und golden. Davor ein Kasten mit neuen Kerzen.

Eva bittet: „Zünden wir auch eine Kerze an?"

Die Mutter murmelt: „Wir doch nicht", und schüttelt den Kopf.

Aber der Vater nimmt eine Kerze. Er legt ein Geldstück in den Kasten und sagt: „Ich möchte sie doch anzünden." Er tut es. „Und wir danken Gott dafür, dass wir es so schön haben."

Als die vier aus der Kirche gehen, schauen sie alle noch einmal zurück.

„Unsere Kerze", ruft Eva, „schau, wie schön sie leuchtet."

„Ja", sagt die Mutter.

Heiliger Abend

Renate Schupp

Die Kirche ist voll bis zum letzten Platz. Rechts vom Altar steht ein Weihnachtsbaum. Er reicht fast bis zur Decke. Vanessa muss den Kopf weit zurücklegen, um die Spitze zu sehen.

Als die Orgel aufgehört hat zu spielen, stehen auf einmal drei Kinder vor dem Altar. Jedes hat eine brennende Kerze in der Hand.

Das erste Kind tritt vor und sagt: „Ich heiße Franziska. Mein Vater hat seine Arbeit verloren. Ich bin traurig, weil er keine neue Arbeit findet." Das Kind bläst seine Kerze aus.

Das zweite Kind sagt: „Ich heiße Radovan. In meinem Land ist Krieg. Mein großer Bruder ist getötet worden. Unser Haus ist zerstört. Ich bin traurig, weil meine Mutter jede Nacht weint." Das Kind bläst seine Kerze aus.

Das dritte Kind sagt: „Ich heiße Rebekka. Meine Eltern haben dauernd Streit. Ich bin traurig, weil ich glaube, dass sie sich scheiden lassen wollen." Das Kind bläst seine Kerze aus.

Jetzt verlöschen – nach und nach – auch noch die Kerzen am Weihnachtsbaum. Ein paar Augenblicke lang ist es ganz dunkel in der Kirche. So dunkel wie in den Her-

zen der traurigen Kinder. Vanessa fasst nach der Hand ihrer Großmutter. Da taucht im Mittelgang ein Licht auf. Und während es nach vorn wandert, setzt die Orgel ein und der Kirchenchor singt: „Das Volk, das noch im Dunkeln wandelt, bald sieht es Licht, ein großes Licht …"
Langsam gehen die Lichter am Weihnachtsbaum wieder an. Der Pfarrer steigt auf die Kanzel und beginnt mit der Predigt. Er predigt über das Licht, das an Weihnachten in die Welt gekommen ist. Und über die Hoffnung der Menschen, dass es ein Ende nimmt mit allem Leid und aller Traurigkeit.
Vanessa lehnt sich an die Großmutter. Die traurigen Kinder fallen ihr ein. Rebekka, denkt sie. Radovan. Franziska … Der Pfarrer sagt: *Licht.* – Vanessa denkt: Angst. Und Krieg. Und Scheidung … Der Pfarrer sagt: *Hoffnung.* Er sagt: *Gott.* Er sagt: *Liebe.* Dann singt der Kirchenchor: „Alle Herzen werden hell." Großmutter legt den Arm um Vanessa.
Als der Gottesdienst zu Ende ist, wünschen sich alle „Fröhliche Weihnachten". Großmutter und Vanessa machen sich auf den Heimweg. Noch eine kleine halbe Stunde, dann ist Bescherung.

Die Feier der Osternacht

Rolf Krenzer

Markus geht mit seinen Eltern am Samstagabend vor Ostern in die Kirche. Das ist etwas ganz Besonderes, denn die Feier der Osternacht beginnt erst dann, wenn es ganz dunkel ist.

Vor der Kirche wird das Osterfeuer angezündet. Viele Leute stehen da und sehen zu, wie das Feuer brennt. Sie sind ganz still.

Jetzt tritt der Pfarrer aus der Kirche. Er trägt eine dicke Kerze in der Hand.

Das ist die Osterkerze. Aber die Kerze brennt noch nicht. Sie wird nun am Osterfeuer angezündet. Die Kirche ist ganz dunkel. Es brennt kein einziges Licht. Der Pfarrer geht mit der brennenden Osterkerze in die dunkle Kirche hinein.

Langsam gehen die Leute hinter ihm her. Auch das Osterfeuer wird in die dunkle Kirche hineingetragen. Alle Leute tragen eine Kerze in der Hand. Doch keine Kerze brennt. Nur die Osterkerze, die der Pfarrer in seiner Hand hält, leuchtet. Der Pfarrer geht langsam durch die Kirche. Er bleibt immer wieder stehen und sagt: „Christus das Licht!" Er zündet eine Kerze nach der anderen mit dem Osterlicht an. Immer mehr Kerzen brennen. Jetzt brennen alle Kerzen.

Da beginnt die Messe. Seit Gründonnerstag hat die Orgel nicht mehr gespielt. Seit Gründonnerstag haben die Kirchenglocken nicht mehr geläutet.

Jetzt hat der Pfarrer das Taufwasser geweiht.

Jetzt flammt das elektrische Licht in der Kirche auf. Es wird hell. Überall ist es hell.

Jetzt beginnt auch die Orgel wieder zu spielen. Alle Leute singen. Die Glocken läuten.

Draußen ist es dunkel. Doch hier in der Kirche ist es hell und warm.

Jetzt beginnt Ostern.

Neuer Mut

Friderun Krautwurm

„Du, Vati", sagt Markus am Sonntagmorgen. „Warum gehst du immer noch in die Kirche, wo du doch all die Geschichten schon kennst?"

„Weil das, wo ich hingeh, Schule für Große ist", meint Vater. „Denk mal nach: Man nennt es doch Gottesdienst!"

„Ach, ich weiß schon!" Markus guckt nicht sehr begeistert. „Da soll'n wir wohl Gott 'nen Gefallen tun? Ungefähr so wie das Danke-schön-sagen, wenn man von Oma Bonbons kriegt?"

Vater muss lachen. Dann sagt er: „Ich glaub beinah, es gibt viele Leute, die ähnlich denken."

„Auch Große?", fragt Markus.

„Ja, leider!", sagt der Vater. „Und das ist sehr schade. In Wirklichkeit ist's nämlich umgekehrt: Im Gottesdienst kriegen wir was geschenkt."

„Was denn?", fragt Markus.

„Neuen Mut!", sagt der Vater.

„Wieso?"

„Weil wir's sonst überall erst verdienen müssen, dass man uns gern hat: Durch gute Zensuren, durch Lustig- und Nettsein oder so. Das ist auf die Dauer sehr anstrengend, finde ich. Nur in der Kirche höre ich anderes: Es ist einer da. Der mag mich so, wie ich bin. Der hilft mir auch, manches besser zu machen."

„Ja, ja", sagt Markus. „Gott meinst du, nicht? Bloß warum musst du dann so weit laufen, wenn du das sowieso weißt? Du könntest es dir doch schnell selber erzählen …"

„Das habe ich auch schon versucht", sagt Vater. „Aber da habe ich bald Zweifel bekommen: Ob das auch wahr ist? Gibt es Gott wirklich? Und dann habe ich ein Geheimnis entdeckt: In den anderen Menschen, die an ihn glauben, in dem was sie singen und sagen und beten – da kann man Gott finden. Da hört man ihn reden. Dann geht man mit neuem Mut wieder fort."

„Meinst du?", fragt Markus.

„Ja", sagt der Vater.

Stichwortverzeichnis

Quellenverzeichnis

1 Aus: Hans-Joachim Gelberg (Hrsg.), Am Montag fängt die Woche an, 1988, Beltz Verlag, Weinheim und Basel, Programm Beltz & Gelberg, Weinheim
2 Rechte beim Autor
3 Rechte bei der Autorin
4 Rechte bei der Autorin
5 Rechte bei der Autorin
6 Rechte bei der Autorin
7 Rechte beim Autor
8 Aus dem Chinesischen
9 Aus: Vorlesebuch Religion, Verlag Ernst Kaufmann, Lahr
10 Rechte bei der Autorin
11 Rechte bei der Autorin
12 Rechte bei der Autorin
13 Rechte bei der Autorin
14 Rechte beim Autor
15 Aus: Vorlesebuch Religion 2, Verlag Ernst Kaufmann, Lahr
16 Aus: Hans-Joachim Gelberg (Hrsg.), Ein und alles, 1972, Beltz Verlag, Weinheim und Basel, Programm Beltz & Gelberg, Weinheim
17 Aus: Winzige Geschichten, © 1985 by K. Thienemanns Verlag, Stuttgart – Wien – Bern
18 Rechte bei der Autorin
19 Rechte bei der Autorin
20 Rechte beim Autor
21 Rechte beim Autor
22 Rechte bei der Autorin
23 Aus: Geschichten über Astrid, 1985, Beltz Verlag Weinheim und Basel, Programm Beltz & Gelberg, Weinheim
24 Aus: Petzen ist gemein und andere Schulgeschichten, © by Arena Verlag, Würzburg, 1997
25 Rechte bei der Autorin
26 Aus: Mai, 111 Minutengeschichten, © by Ravensburger Buchverlag, 1991, Ravensburg
27 Aus: Hans-Joachim Gelberg (Hrsg.), Überall und neben dir, 1986, Beltz Verlag, Weinheim und Basel, Programm Beltz & Gelberg, Weinheim
28 Rechte bei der Autorin
29 Rechte beim Autor
30 Aus: Ursula Wölfel, Sechzehn Warum Geschichten, © 1971 K. Thienemanns Verlag, Stuttgart – Wien – Bern
31 Aus: Hans-Joachim Gelberg (Hrsg.), Die Erde ist mein Haus, 1988, Beltz Verlag Weinheim und Basel, Programm Beltz & Gelberg, Weinheim
32 Rechte bei der Autorin
33 © 1987 by Willi Tobler, Abdruck mit Genehmigung der Liepmann AG, Zürich

34 Aus: Korschunow, Der Silberpfeil und andere Autogeschichten, © by Arena Verlag GmbH, Würzburg, 1999
35 Aus: Vorlesebuch Religion, Verlag Ernst Kaufmann, Lahr
36 Aus: Hans-Joachim Gelberg, Menschengeschichten, 1975, Beltz Verlag, Weinheim und Basel, Programm Beltz & Gelberg, Weinheim
37 Rechte beim Autor
38 Aus: Hans-Joachim Gelberg (Hrsg.), Was für ein Glück, 1993, Beltz Verlag Weinheim und Basel, Programm Beltz & Gelberg, Weinheim
39 Rechte beim Autor
40 Aus: Große Klasse: 27 Schulgeschichten für Kinder und ihre Eltern, © Gerstenberg Verlag, Hildesheim, 1984
41 Der Spiegel der Welt
42 Aus: Vorlesebuch Symbole, Verlag Ernst Kaufmann, Lahr
43 Aus: R. Krenzer, Wenn Gott in unserer Mitte ist, Echter, Würzburg, 1995, © beim Autor
44 Siehe Nr. 36
45 Rechte bei den Autoren
46 Aus: ABC-Geschichten, Verlag Ernst Kaufmann, Lahr
47 Siehe Nr. 30
48 Rechte bei der Autorin
49 Rechte bei der Autorin
50 Rechte bei der Autorin
51 Aus: Sammelsuse, © Gerstenberg Verlag, Hildesheim, 1984
52 Aus China
53 Rechte bei der Autorin
54 Aus: Hans-Joachim Gelberg (Hrsg.), Das achte Weltwunder, 1979, Beltz Verlag Weinheim und Basel, Programm Beltz & Gelberg, Weinheim
55 Rechte beim Autor
56 Rechte beim Autor
57 Siehe Nr. 16
58 Siehe Nr. 36
59 Aus: Die Kinderfähre, © Union Verlag/Middelhauve GmbH, München
60 Aus: Warum-Geschichten: Ausländer bei uns, © by Loewe Verlag, Bindlach
61 Entnommen aus: Heft 3/97, Bausteine für den Unterricht, Gemeinschaft Evangelischer Erzieher in Bayern, Sulzbach
62 Siehe Nr. 16
63 Rechte beim Autor
64 Rechte bei der Autorin
65 Siehe Nr. 1
66 Rechte bei der Autorin
67 Rechte bei der Autorin
68 Siehe Nr. 31
69 Rechte bei der Autorin
70 Elefanten Press GmbH, Berlin
71 Aus: Ich und du und die ganze Welt, hrsg. von Gertraud Middelhauve und Gisela von Radowitz, © Middelhauve Verlags GmbH, München

72 Rechte bei der Autorin
73 Rechte beim Autor
74 Aus: Wir könnten Freunde sein, Verlag Ernst Kaufmann, Lahr
75 Rechte bei der Autorin
76 Siehe Nr. 23
77 Rechte bei der Autorin
78 Rechte bei der Autorin
79 Albert Schweitzer Archiv, Günzbach
80 Chinesisches Märchen
81 Rechte bei der Autorin
82 Rechte bei der Autorin
83 Rechte beim Autor
84 Rechte beim Autor
85 Aus: M. Ende, Das Schnurpsenbuch, 1979 by K. Thienemanns Verlag, Stuttgart – Wien – Bern
86 Rechte beim Autor
87 Rechte beim Autor
88 Siehe Nr. 26
89 Aus: Kilian, Kinderkram, 1987, Beltz Verlag Weinheim und Basel, Programm Beltz & Gelberg, Weinheim
90 Rechte bei der Autorin
91 Rechte bei der Autorin
92 Rechte bei der Autorin
93 Leo N. Tolstoij
94 Rechte bei der Autorin
95 Rechte bei der Autorin
96 Rechte beim Autor
97 Rechte bei der Autorin
98 Aus: Kurze Geschichten 2, Verlag Ernst Kaufmann, Lahr
99 Siehe Nr. 31
100 Siehe Nr. 31
101 Rechte beim Autor
102 Rechte beim Autor
103 Aus: King und die tolle Jule, © Herold Verlag/Middelhauve Verlags GmbH, München
104 Rechte bei der Autorin
105 Siehe Nr. 38
106 Siehe Nr. 24
107 Rechte bei der Autorin
108 Siehe Nr. 26
109 Rechte bei der Autorin
110 Siehe Nr. 31
111 Siehe Nr. 24
112 Aus: Härtling, Sofie macht Geschichten, 1980, Beltz Verlag Weinheim und Basel, Programm Beltz & Gelberg, Weinheim
113 Arabische Weisheit
114 Rechte beim Autor

115 Rechte bei der Autorin
116 Rechte bei der Autorin
117 Aus: ... wenn du meiner, lieber gott, Gabriel Verlag, GmbH, Wien
118 Rechte beim Autor
119 Rechte beim Autor
120 Afrikanisches Märchen
121 Leo N. Tolstoij
122 Rechte beim Autor
123 Aus: Menschenzeit-Gotteszeit, Verlag Ernst Kaufmann, Lahr
124 Aus: Wölfel, Suppengeschichten, 1968, © by K. Thienemanns Verlag, Stuttgart –
    Wien – Bern
125 Siehe Nr. 24
126 Aus: Mule will auch in die Schule, Herder Verlag, Freiburg
127 Rechte bei der Autorin
128 Siehe Nr. 31
129 Rechte bei der Autorin
130 Rechte beim Autor
131 Brüder Grimm
132 Siehe Nr. 1
133 Rechte bei der Autorin
134 Jean de la fontaine
135 Rechte bei der Autorin
136 Rechte beim Autor
137 Siehe Nr. 16
138 Rechte bei der Autorin
139 Nach Wilhelm Matthießen
140 Rechte bei den Autorinnen
141 Rechte bei den Autoren
142 Aus: Menschenzeit-Gotteszeit, Verlag Ernst Kaufmann, Lahr
143 Rechte beim Autor
144 Rechte beim Autor
145 Rechte bei der Autorin
146 Rechte beim Autor
147 Siehe Nr. 1
148 Siehe Nr. 31
149 Aus: Hans-Joachim Gelberg (Hrsg.), Oder die Entdeckung der Welt, 1997, Beltz Ver-
    lag Weinheim und Basel, Programm Beltz & Gelberg, Weinheim
150 Siehe Nr. 31
151 Rechte beim Autor
152 Siehe Nr. 85
153 Jüdische Legende
154 Aus: Menschenzeit-Gotteszeit, Verlag Ernst Kaufmann, Lahr
155 Rechte beim Autor
156 Aus: Ein selbstgemachter Sommer, © 1988 by Loewe Verlag, Bindlach
157 Rechte beim Autor
158 Aus: Das große Kinderbuch vom Himmel und der Erde, Annette Betz Verlag, Wien

159 Aus: Vorlesebuch Symbole, Verlag Ernst Kaufmann, Lahr
160 Aus: Vorlesebuch Religion 1, Verlag Ernst Kaufmann, Lahr
161 Aus: Abschied von Tante Sofia, Verlag Ernst Kaufmann, Lahr
162 Rechte bei der Autorin
163 Rechte bei der Autorin
164 Rechte bei der Autorin
165 Siehe Nr. 24
166 Rechte bei der Autorin
167 Aus: Das Kindernest, Kerle im Herder Verlag, Freiburg, 1995
168 Aus: Kurze Geschichten 2, Verlag Ernst Kaufmann, Lahr
169 Rechte bei der Autorin
170 Rechte beim Autor
171 Rechte beim Autor
172 Aus: Hans-Joachim Gelberg (Hrsg.), Augenaufmachen, 1984, Beltz Verlag, Weinheim und Basel, Programm Beltz und Gelberg, Weinheim
173 Rechte bei der Autorin
174 Siehe Nr. 16
175 Aus: Sammelsuse, © Gerstenberg Verlag, Hildesheim 1984
176 Rechte bei der Autorin
177 Nacherzählt von Richard Gersdorff
178 Rechte bei der Autorin
179 Aus: Kurze Geschichten 2, Verlag Ernst Kaufmann, Lahr
180 Leo N. Tolstoij
181 Nach Leo N. Tolstoij
182 Rechte bei der Autorin
183 Leo N. Tolstoij
184 Aus: Die Geschichte des Mangaliso, Echter Verlag, Würzburg, 1991
185 Aus: Kurze Geschichten 2, Verlag Ernst Kaufmann, Lahr
186 Rechte bei der Autorin
187 Rechte bei der Autorin
188 Aus: Mein Engel hat immer Zeit für mich, Verlag Ernst Kaufmann, Lahr
189 Siehe Nr. 188
190 Aus: Hans-Joachim Gelberg, Der bunte Hund, Nr. 30, Beltz Verlag Weinheim und Basel, Programm Beltz & Gelberg, Weinheim
191 Rechte beim Autor
192 Rechte bei der Autorin
193 Siehe Nr. 31
194 Aus: Erzähl mir vom Glauben, Verlag Ernst Kaufmann, Lahr
195 Rechte beim Autor
196 Rechte bei der Autorin
199 Rechte beim Autor
200 Aus: Kurze Geschichten 2, Verlag Ernst Kaufmann

Rolf Krenzer, Inge Lotz u. a.

EIN STRUMPF GEHÖRT AN JEDES BEIN

Ein Liederbuch mit 93 Liedern
und vielen bunten Illustrationen
für Kinder ab 4 Jahren

Dazu gibt es eine CD mit 26 Liedern

Verlag Ernst Kaufmann

Wenn wir mit dem Auto flitzen

Text: Rolf Krenzer, Melodie: Inge Lotz
© Verlag Ernst Kaufmann. Vervielfältigung nur mit Genehmigung. Auch auf CD.

1. Wenn wir mit dem Au - to flit - zen,
2. Vorn da kann so viel ge - sche - hen,

müs - sen wir stets hin - ten sit - zen.
hin - ten ist es

wun - der - schön. Auf Wie - der - sehn, auf

Wie - der - sehn, vie - les gibt es jetzt zu sehn. Auf

jetzt zu sehn.

Einer fährt das Auto. Er lenkt mit einem imaginären Lenkrad und fährt im Kreis herum.
Ein zweiter Spieler legt ihm die Hände auf die Schulter. Er kann immer wieder loslassen,
um den anderen Mitspielern zuzuwinken.

Dieses Lied wurde dem Buch „Ein Strumpf gehört an jedes Bein" entnommen.

Grün heißt gehen

Text: Rolf Krenzer, Melodie: Inge Lotz

Grün heißt ge - hen, Grün heißt ge - hen,
1.
wenn wir vor der Am - pel ste - hen.
2.
wenn wir vor der Am - pel ste - hen.
Grü - nes Licht, grü - nes Licht, geht jetzt schnell und
war - tet nicht. Zeigt die Am - pel a - ber Rot,
blei - be stehn, sonst bist du tot.

Wir gehen hintereinander im Kreis. Bei ROT bleiben wir stehen und warten auf GRÜN. Zwei Kinder mit einem roten bzw. grünen Pullover stellen die Ampel dar. Wenn das „rote" Kind vorn steht, zeigt die Ampel ROT. Wir warten, bis wieder GRÜN kommt. Dann können wir weitermarschieren.

Dieses Lied wurde dem Buch „Ein Strumpf gehört an jedes Bein" entnommen.